男性育休義務化の
基礎知識

JN017567

男性育休
の
教科書

日経 X woman

CONTENTS

67 | 第4章 トップダウンで進め、イクボスを育成 すべての人が働きやす環境づくりがポイント

男性育休率が高い 先進企業取り組み紹介

89 | 第5章 書き込むだけで課題が見えてくる 社内研修や家族会議でも使える

男性育休実践ワークシート

男性育休、こんな誤解していませんか？

Q 男性は育休が取れないのでは？

Q 育児中は収入がなくなるのでは？

Q 妻が専業主婦だと育休が取れない？

Q 社員が育休を取ると会社にコストがかかってしまうのでは？

答えは20ページに！ >>

第1章

育児・介護休業法の改正で
2022年から何がどう変わる？

男性育休義務化

知って
おきたい

丸わかり

男性の育児休業取得率を上げるために、
厚生労働省はかねて労働政策審議会の
分科会で促進策を検討していました。
まとめた検討策は2021年の通常国会に
「育児・介護休業法など改正法案」として提出し、
通る見込みです。男性の取得率を30％まで
引き上げることが目的で、早ければ22年に
施行されます。具体的に何がどう義務化されるのか、
最新情報を紹介します。

「男性育休義務化」
何が義務なのか？

企業に対し、働き手に取得を個別に働きかけることを義務付ける

これまでは「従業員から申請があれば育休を取らせなければいけない」というのが企業の義務でした。今後は、企業側から育休対象者に育休制度があることを個別に知らせ、取得意向を確認することも義務付けられます。

大企業に対し、「育休の取得率」または「育休等および育児目的の休暇の取得率」の公表を義務付ける

従業員1001人以上の企業には、育休の取得率の公表が義務付けられます。取得率の公表により、「育休の制度はあっても男性は取得しにくい」という職場の雰囲気を改善していくことが企業側には期待されています。

「男性版産休」を新設 企業に対し育休を取得しやすい職場環境の整備を義務付ける

子どもが産まれた直後の父親が、通常の育休とは別に取得できる「出生時育児休業」（男性版産休）を新設。22年秋ごろに制度が始まる見通しです。各企業には実態に応じて研修や相談窓口の設置など取り組みが義務付けられます。

男性育休をめぐる最新動向
7つのポイント

育児・介護休業法の改正案が成立すれば、
「男性版産休」の新設を筆頭に、さまざまな変更点があります。
男性の育休をめぐる状況がどのように変化するのか、ポイントを押さえておきましょう。

[POINT **1**] 「男性版産休」や育休の周知が企業に義務付けられる

→配偶者の妊娠・出産の申し出をした労働者に対し、
　企業は産休・育休の制度があることを個別に知らせ、
　取得するように働きかけることが義務付けられる

今回の改正により、子どもが生まれる予定のある男性従業員には「育休を取ってくださいね」と企業側から個別に働きかけることが義務付けられます。個別の働きかけの方法としては、面談での説明や、書面などによる制度の情報提供などを想定。どの男性従業員に子どもが生まれる予定なのかを会社が把握することが大切になります。

[POINT **2**] 男性の育休取得を支援する企業には個別支援加算を導入（2020年度より）

→2020年度より、両立支援等助成金の
　「出生時両立支援コース（子育てパパ支援助成金）」に、
　男性従業員の育休取得を後押しする
　取り組みを実施した場合の「個別支援加算」を導入

仕事と家庭が両立できる職場環境づくりを促進するため、国は企業に対して両立支援等助成金を設けています。男性の育休取得を促進する「出生時両立支援コース」では、2020年度より対象者への個別支援を行う企業に助成金を加算。このコースとの併給はできませんが、女性の育休取得時にも助成が受けられる「育児休業等支援コース」（中小企業のみ対象）もあります。

[POINT **3**] 男性育休取得率の公表が企業に義務付けられる

→大企業には、2023年4月から社員の育休取得状況の公表義務付け

従業員1001人以上の企業には、育休の取得率の公表が義務付けられます。上場企業の場合は有価証券報告書への記載が義務づけられる可能性があります。

これまで子育て支援など一定の基準を満たした企業や法人などが厚生労働省によって認定された「くるみん」も認定基準が変わりそうです。基準とする男性育休取得率も政府の目標と合わせて引き上げる予定です。

プラチナ **くるみん**	男性の育休取得率	現行13%以上→**30%以上**
	男性の育児休業等・ 育児目的休暇取得率	現行30%以上かつ育休等取得者が 1人以上→**50%以上かつ1人以上**
	出産した女性労働者のうち1歳時点の 在職者の割合（母数には出産予定だったが 退職した労働者も含む）	現行55%以上→**70%以上**
くるみん	男性の育休取得率	現行7%以上→**10%以上**
	男性の育児休業等・ 育児目的休暇取得率	現行15%以上かつ育休等取得者が 1人以上→**20%以上かつ1人以上**

※上記の基準引き上げに伴い、3つ目の新たな「くるみん」を創設する可能性も。

[POINT **4**] 育休とは別枠で取得できる「男性版産休」を新設する

→「男性版産休」の制度を新設し、「産休」期間の給付金も支給

新設される「男性版産休」は、これまでの育休と別枠で子どもの生後8週までに最大4週間休める制度。現行の育休制度の給付金は休業前賃金の67%に加えて社会保険料の天引き免除で手取り賃金の実質80%となっています。各企業で残り2割を有給化するなどの対応もあり得ます。

[POINT **5**] 「男性産休」は2週間前までの申請でOK

→通常の育休の「1カ月前申請」より柔軟に

原則として、通常の育休は取得の1カ月前までの申請が必要ですが、新設の「男性版産休」は2週間前までの申請で取得できます（別途、労使協定があれば1カ月前までとすることも可能）。出生が予定より早まった場合は、1週間前までの申請が認められます。

[POINT **6**] 育休は父母ともに分割取得OK 「男性版産休」では一定の就労も可能

→「男性版産休」は2回まで分割取得が可能に。 父親は産休と育休で最大4回まで分割して休めるように

「男性版産休」は2回まで分割でき、出産時と退院後などに分けて取ることが可能です（取得のケースは44ページで紹介）。また、通常の育休中の就労は原則として認められていませんが、「男性版産休」では本人が望めば一定の就労をすることも認められ、産休中でも重要な会議がある日だけは仕事をするといった働き方が可能

になります。通常の育休に関しても、現行の制度では父親が生後8週以内に育休を取った場合のみ2回目の取得が可能ですが、今回の改正により、父親・母親を問わず2回まで分割して取得できるようになります。より柔軟な働き方が選択できるようになります。育休の取得ケースは45ページから紹介します。

[POINT **7**] 「男性版産休」や育休を取得しやすい 職場環境づくりが企業の義務に

→出産後の両立生活やキャリア形成について考える 「両親学級」などの研修機会の整備がより重要になる

企業主導型の両親（父親）学級は、「男性版産休」や育休の取得促進だけでなく、企業側が対象者を把握するための取り組みとしても重要です。

中小企業の場合は、複数の会社が合同で開催する、業界団体や労働組合などが開催する両親学級を受講できるようにする対応も考えられます。

「**男**性育休義務化」とは、企業に対して制度の個別周知や職場環境の整備などが義務付けられることを意味し、男性の従業員個人に対して「必ず産休や育休を取得しなければいけない」と義務付けるものではありません。ただし、子どもの出生直後は母親の産後うつのリスクが高い時期でもあり、その後の家事・育児をパートナーと協力して行えるようにするためにも、

男性も積極的に産休・育休を取得し、当事者感覚をもって家事・育児を担うことが重要です。今回の改正では、「男性版産休」の新設、育休の分割取得を認めるなど、産休・育休の取り方の選択肢を増やすことで柔軟性を高めています。取得者側にとっても、繁忙期を避けるなど職場に配慮しながらの取得が可能になったため、使いやすくなると言えるでしょう。

男性育休取得が進まなかった一因
「政府の働きかけが当事者に対してだった」

男性育休の取得率が伸びない原因はどこにあるのでしょうか。男性育休の取得促進のノウハウに詳しく、「男性育休義務化」についても提言を行っているワーク・ライフバランス代表の小室淑恵さんに聞きました。

「今までの政府の働きかけが企業ではなく、当事者の男性に『育休を取ろう』と呼びかける意識啓発だったことが原因です。『育休を取りたい』と思っていたパパたちの多くは、職場の同調圧力や上司の賛同が得られないという理由で諦めてきたのです。本来は当事者だけでなく企業側への働きかけが必要でした」と小室さんは言います。

さらに、男性育休制度に関して、企業の中で誤解があったり情報が不足であったりしたという点も指摘します。「そうした誤解や情報不足から、当事者が育休取得を強く言い出せず、諦めてしまった例を多く聞きます。そのようなことを避けるためには、当事者は自分でも情報を収集して理論武装することが大切。上司や人事に打診するときは『もし育休を取るとしたらどんな制度が使えるのか』を相談する形にするといいでしょう」

「働き方改革で仕事の属人化をなくす意識が広がっていることでも、男性が育休を取得しやすい環境は整ってきています。今、男性の育休取得にとって、いい追い風が吹いていると思います」

育児休業取得率の推移

2019年（令和元年）度の育児休業取得率は男性が前年度比1.32ポイント増の7.48%、女性が同0.8ポイント増の83.0%

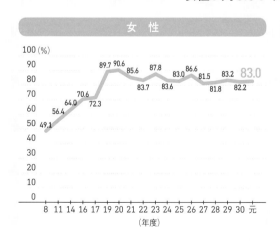

女性

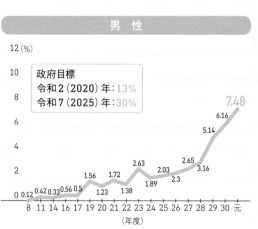

男性

政府目標
令和2（2020）年：13%
令和7（2025）年：30%

出典：厚生労働省「雇用均等基本調査」（2011年度は岩手、宮城、福島3県を除く全国）

解説

「義務化」の意味が誤解されている？ 「義務化」の意味の周知を

NPO法人ファザーリング・ジャパンの男性育休推進担当理事として活動する塚越学さんは、「男性育休義務化の本格議論は、2020年9月29日に行われた厚生労働省の『労働政策審議会』でした」と言います。同審議会では「『男性社員の育児休業取得の義務化』について、『反対』と回答した中小企業は70.9%に達した」という日本・東京商工会議所の調査結果が発表されました（調査は2020年7～8月に全国の中小企業を対象に行い、2939社が回答。「義務化は反対」、「義務化はどちらかというと反対」と回答した割合の合計）。反対が7割という数字はどう受け止めたらよいのでしょうか。塚越さんは、「男性の育休『義務化』についての、『義務化』の意味が

誤解されている可能性がある」と話します。「今回の『義務化』は企業が個人に育休取得を働きかけることが義務になっているのです。男性の育休取得が進まない理由に職場の人手不足、制度が整備されていない、育休を取得しづらい雰囲気があるといった、企業側の要因が上位にあるからです。ところが、私が同審議会の関係者に話を聞いたところ、『個人に対する義務化』と受け止めて反対している中小企業が少なくないようです。育休取得を打診されたうえで取るか取らないかには個人の自由があります。取りたくない人に育休を取らせるという義務化ではないので、その誤解は解く必要があるでしょう」

中小企業の7割が義務化に反対

無回答　1.9%

どちらかというと賛成 20.6%

反対 22.3%

賛成 6.7%

どちらかというと反対 48.6%

「男性社員の育児休業取得の義務化」について「反対」「どちらかというと反対」と回答した中小企業は70.9%だった。業種別では「運輸業」（81.5%が反対）、「建設業」（同74.6%）、「介護・看護業」（同74.5%）といった人手不足が深刻な業種・業界で、「反対」と回答した中小企業の割合が比較的多い結果だった。

出典：日本・東京商工会議所が全国の中小企業の女性の活躍推進等への対応について調査した「多様な人材の活躍に関する調査」（2020年9月発表）

働き方改革が始まったばかりの中小企業では男性育休は次のステップ

働き方改革関連法が2019年より順次施行されています。塚越さんは、「大企業は以前より働き方改革に取り組んでいますが、中小企業では、2019年を機に始まり、業務改革に取り組んでいる真っ最中です。中小企業の育休についての取り組みも本格化するのはこれからでしょう」と指摘します。

企業側の動きへのインパクトとしては、2020年度から始まった男性国家公務員の1カ月以上の育休義務化を挙げます。「2019年12月末にこの制度が発表されたことがきっかけで、同年4月から働き方改革に取り組んでいた大企業にも、次に取り組むべきは男性育休の推進だという流れができました。しかし、1年後ろ倒しで働き方改革に取り組む中小企業では、男性育休も同時に推進する必要性が高まってきました」

そのため、経営者や管理職層が男性の育休取得を職場の働き方改革の起爆剤として捉えることも必要だと塚越さんは話します。「社員が育休を取り、数週間から数カ月抜けることは、何カ月も前から予定が組めることです。それに備えて、仕事を棚卸しし、属人化したタスクをなくす。人が減っても生産性を落とさないように働き方を変えることは、他の社員が介護などの理由で休んだり、病気の治療をしながらでも働いたりできる職場になるということです。男性の育休は働き方改革と両輪なのです」

日本の男性は家事・育児時間を増やすことから始めたい

6歳未満児の居る夫の家事・育児関連時間（1日当たり）

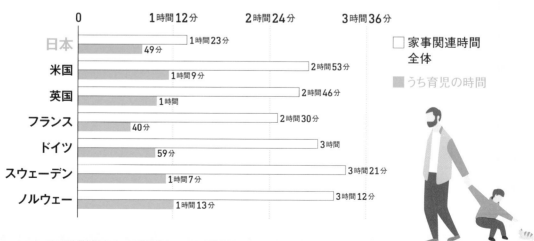

	家事関連時間全体	うち育児の時間
日本	1時間23分	49分
米国	2時間53分	1時間9分
英国	2時間46分	1時間
フランス	2時間30分	40分
ドイツ	3時間	59分
スウェーデン	3時間21分	1時間7分
ノルウェー	3時間12分	1時間13分

出典：第34回労働政策審議会雇用環境・均等分科会「男性の育児休業取得促進等に関する参考資料集」

解説

同調性を逆手に取り 「皆が取るから自分も」に

　義務化の施策により、育休を取る男性が多数派に変わっていく、男性育休におけるクリティカルマス（普及のための分岐点）になる、と塚越学さんは話します。

　ユニセフの「先進国における家族にやさしい政策」によると、日本は父親に認められている育休の期間が、41カ国中第1位です。給付が受けられる期間は約30週で、6カ月以上の「有給」育休制度がある唯一の国として評価されています。世界でトップクラスの制度があるにもかかわらず、2019年度の男性の育休取得率が7.48%にとどまっていることについて、塚越さんは、「同調性を重んじる国民性も背景のひとつ」と分析します。

　「『皆が男性育休を取らないから自分も取らない（取れない）』となってしまっているのでしょう。しかし、同調性を逆手に取れば、『皆が取るから自分も取る』に変わっていくはずです。政府は20年5月に策定した少子化社会対策大綱で『男性育休の取得率を2025年に30%に引き上げる』という目標を掲げました。この30%が男性育休における『クリティカルマス』となり、ここを突破すれば、育休を取る男性が多数派に変わっていくのではないかと期待しています」

義務化は取得率を 底上げする有効手段

　30%まで上げるのは簡単なことではありません。「そこで、時限的にでも男性育休を義務化して、取得率を底上げする必要がある」と塚越さんは「義務化」が果たす役割を解説します。「男性育休は『中小企業だから、特定の業界だから取りにくい』ということはありません。男性育休にアンテナを立てている経営者は義務化をしなくてもこういった情報を自ら取りに行き、実践しています。しかし、アンテナを立てていない人や企業には、こういった情報は目に入りません。だからこその『義務化』なのです。社員の育休取得率に応じて、インセンティブを与えたりやペナルティを科すことによって、今までアンテナの立っていなかった経営者の意識を高めることができます。義務化は、取得率を底上げするために極めて有効な手段となるでしょう」

男性育休100%は
ジェンダーギャップを埋める

世界経済フォーラム（WEF）が発表した「ジェンダー・ギャップ指数」（男女平等指数）で、日本は2020年に、121位と過去最低の順位を記録しました。塚越さんは、男性育休100%の推進と女性活躍はセットになっている、と言います。

本来、男女共に利用できるのが
両立支援制度のはず

「ジェンダーギャップを埋め、日本の空気を変えるためにも提言したいのが、子育て世代の『男性育休100%取得』です。

日本は令和時代になりましたが、昭和の時代は9割以上が結婚し、専業主婦世帯が大半だった職場では一家の大黒柱である男性たちがほぼ仕事のことだけを考えていればいい環境でした。子育てに関わる予測不可能な突発事象の数々は、家庭や地域において起きていても、職場では起きることがなく、その突発事象に関わる柔軟な学習経験が職場でなされることもほとんどありませんでした。職場における子育てへの許容度はとても低く、予測不可能な子育ての事象はじゃまものでしかなかったのではないでしょうか。一方、同じ時期に他の先進国では、共働き社会の実現を目指して、男女社員とも職場で子育てに関わる突発事象の対応が頻繁に行われ、学習経験が蓄積されていきました。その結果、仕事と子育ての両立や、予測不可能な事象への許容度が職場において高くなりました。

平成になり日本でも共働きが増えていきます。特に2000年以降は総合職の女性が職場で増え、彼女たちが2010年以降に子育てのライフステージに入っていくと、仕事と子育ての両立という問題が職場で生じるようになりました。こうした予測不可能な子育て事象に慣れていない職場でも、総合職の女性たちが子育てを原因として離職することがないよう、セーフティーネットとして制度を整える必要がありました。

現在は、大企業では、育休復帰100%という話もよく聞きます。しかし、仕事と子育ての両立支援制度は本来、男女ともに利用できるにもか

ジェンダーギャップ指数
2020年

1位	アイスランド	
2位	ノルウェー	
3位	フィンランド	
:		
10位	ドイツ	（G7首位）
16位	フィリピン	（アジア首位）
53位	米国	
106位	中国	
120位	アラブ首長国連邦	
121位	日本	（G7最下位）
:		
153位	イエメン	

世界経済フォーラム（World Economic Forum）が2019年12月に公表した「Global Gender Gap Report 2020」より

かわらず、女性社員だけが利用し、男性社員が利用することは稀という状況が同時に起きました。なぜ『男性育休100%』に意味があるのでしょうか？

男性育休を推進できる社会は課題が解決に向かっている

育休なんて、取りたい人が取ればよいのではないか、と思うかもしれません。しかし、ジェンダーギャップは、男女の数値にギャップがあることで生じます。例えば、職場で男女差が顕著に出ているものは何でしょうか？　役職・管理職比率、勤続年数、労働時間、有給休暇取得率や短時間勤務制度利用率なども男女差があるかもしれません。中でも育休については、取得率の男女差が非常に顕著で、いまだ男性育休取得率は低水準です。

私の肌感覚では、男性育休推進の障壁は、複雑に絡み合っている日本の課題にあると思います。家庭や職場における性別役割分業意識、昭和から引き継がれてきた家族像や夫婦像、年功序列や終身雇用といった日本的経営の残存、男女賃金格差問題、人材不足時の代替要員確保問題、無意識の偏見、子育てにおける母性神話などです。男性の育休推進ができるということは、これらの課題の多くが解決に向かっていることを示していると私は考えています。

さらに、両立支援だけの側面であれば、育休を取るか取らないかは、取りたい人が取れればそれでよいという考え方になりますが、ジェンダーギャップの観点からいけば、女性が育休取得率100%であれば、男性も100%取得する必要があります。というのも、男性が育休を取らないことが、実は男女の格差が生じる原因にもなっているからです。専門用語では、統計的差別という言い方をします。その個人が属する平均的な行動を基に、その個人に不利な判断が下されるということです。

例えば『統計的に女性の育休取得率100%で、男性は0%』の場合、『子どもが生まれるタイミングで休む女性と休まない男性なら、休まない男性に、より重要な仕事の機会を多くしよう。評価は高めに昇格しやすくしよう』といった判断になりがちです。統計数値を変えにいく努力をしないと、統計的差別を回避することはできず、多様な人材活用が阻害されることが分かっています。

例年ジェンダー・ギャップ指数で上位に入っている北欧諸国では、男性の育休取得率は女性に近く、その結果、男女の格差も小さい。男女ともに同じような比率であれば、このような統計的差別は起こらなくなっていくといえるのです。

育休男性の「経験してみたらなかなか良いものだった」が増加

こうした現状を打ち破るためには、『男性の育児休業取得の義務化』は一つの手です。制度の押し付けに反発する人はいるかもしれませんが、『強制ギプス』をはめて育休を取る人を増やしていく。男女差があった統計数値を変えていくというチャレンジは企業風土や働き方を変えるという効果が実際に出ています。

そして無理やりだったその『強制ギプス』も、経験してみたらなかなか良いものだった、という男性は増えています。100%推進している企業の社内アンケートをたくさん見てきましたが、経験した結果、ネガティブな感想を抱いている人は全体の2割もいません。とはいえ、こうした企業のチャレンジはまだまだ過渡期です。取得期間にまだ大きな男女差があります。

ジェンダーギャップ解消に向けてのあるべき姿は、例えば夫婦が育休を半年ずつ取得する形でしょう。子どもが生まれたら男女ともに育休を100%取得し、期間が半年であれば、これに関する統計的差別は解消に向かっていくでしょう」

「共働き子育てしやすい企業」では男性育休をある程度長く取得

日経DUALが発表をしている『共働き子育てしやすい企業ランキング』。その審査員でもある塚越さんが、共働き子育てしやすい企業と、男性育休の関係について解説します。

夫婦間で「時間と場所」「所得」のどちらを誰が担うかという選択

「『共働き子育てしやすい企業』にふさわしい条件はなんだろうか、と考えてきました。

子どもに対する親の役割を『稼ぎ手役』『教育役』『世話役』と分けたとき、従来の日本の父親の役割は『稼ぎ手役』と『教育役の一部』が中心、母親の役割は『教育役』と『世話役』が中心でした。その時代を超えて、『共働き子育てしやすい』企業になるためには、夫婦が3つの役割を同時に担えることが必要でしょう。特に、『教育役』と『世話役』の2つは金銭では代替しづらく、必要なのは『時間』と『場所』になります。

しかし、日本企業の多くは、働く時間、場所、仕事の面で働き方の制約度と報酬を密接に関係させてきました。実際、子育て夫婦には『時間』と『場所』が必要であるにもかかわらず、それを

DUALの共働き子育てしやすい企業ランキング上位

2019年		2020年	
1位	丸井グループ	1位	日本生命保険
2位	大和証券グループ	2位	千葉銀行
3位	リコー	3位	大和証券グループ
4位	日本生命保険	4位	日立製作所
5位	肥後銀行	5位	花王グループ
6位	ピジョン	6位	資生堂
7位	大和総研グループ	7位	明治安田生命保険
8位	武田薬品工業	8位	アクセンチュア
9位	明治安田生命保険	8位	イオン
11位	アフラック生命保険	10位	全日本空輸（ANA）
11位	全日本空輸	10位	太陽生命保険
		10位	第一生命ホールディングス
		10位	りそなホールディングス

2019年は日経DUALの単独調査、2020年度は『日経WOMAN』と日本経済新聞社グループの「日経ウーマノミクス・プロジェクト」の「女性が活躍する会社BEST100」の部門賞として発表。

得るためには『稼ぎ手役』に起因する所得を減らす覚悟を余儀なくされてきました。結果的に、夫婦間で『時間と場所』と『所得』のどちらを誰が担うのかで選択を迫られ、これまでの性別役割分業と同様に、『所得』を父親が担い、『時間と場所』を母親が担うことで折り合いをつけてきた夫婦が多いと思われます。

「働き方改革」と「上司の意識行動改革」で夫が子育てをできる環境に

夫婦が企業人として子育てを行ううえで、日本企業の労働時間の長さと画一化、労働場所の強制は大きな課題であり、同時にその状況で成功体験をしてきた上司の意識と言動が今の夫婦の子育ての阻害要因にもなっています。

つまり、日本企業の共働きの子育て支援の課題を克服していくカギは、前者は『働き方改革』、後者は『上司の意識行動改革』です。そして、具体的な方法としては働く時間の柔軟性（フレックスタイム制、裁量労働制、短時間勤務制、長時間労働の是正）、働く場所の選択制（地域限定社員、転勤や単身赴任への配慮、テレワーク、在宅勤務制度）の実現です。それに加えて男女に区別のなく活躍できることです。

その点で、私が注目してきたのは『男性の育児休業』取得率と取得期間の長さです。この『男性の育児休業』こそが、子育て社員や職場の性別役割分業意識と働き方、上司の意識行動改革を同時に図ることができる指標と考えているからです。

子どもが生まれたら男女とも休む文化と仕組みの構築

女性活躍時代になって、特に総合職であれば独身時代にはそれほど性差がなくても、子育てステージに入ると顕著になりやすいです。なぜなら、育児・家事を担うのは主として女性で、多くの調査でも男女ともにかなりの割合で『育児

家事の主たる役割は女性』と答えている実態があるからです。

すると、女性自身も夫に育児家事は期待せずに一人で頑張ってしまいます。女性だけが育休を取り、復帰後の短時間勤務が長期にわたる、子どもが病気をしたら女性だけが休む。家庭の主たる責任が女性に偏っていると、職場で活躍するにも限界があります。

上司も『子どもがいる女性は残業できない』『すぐに休む』ととらえてしまい、本当は活躍できる他の女性にまで影響（統計的差別）してしまう傾向があります。

これを企業の取り組みとしてひっくり返す一つの方法が、男性の育児休業取得の促進です。しかもこれは、働き方改革の起爆剤になりえます。例えば男性が育休で1カ月休むとなれば、その人がいない間を職場メンバーでどうカバーするか、職場全体で効率を見直すなど、働き方改革につながるからです。女性社員だけでなく男性社員でも起こるようになるので、上司や職場メンバーにとって、育休前後の働き方改革を経験できる頻度が格段に上がります。

だから、男性の育児休業取得期間は、『周りに迷惑をかける程度』長い必要があります。育児休業が数日程度では、復帰後に数日分の仕事が個人的に溜まって終わりなので、職場の働き方に変化が生まれません。こうした『子どもが生まれたら男女とも休む文化と仕組み』の構築は、子育て社員だけでない多様な社員が活躍しやすい職場づくりに寄与し、好循環ができるきっかけになっていくでしょう」

いまさら聞けない 男性育休の制度基礎知識

[1 会社の規定ではない]

「育児休業制度」とは、育児・介護休業法に基づく制度の一つ。労働者は、取得要件を満たしていれば、会社に規定がない場合でも、申し出ることにより育児休業を取得することができます。配偶者が専業主婦・主夫であったり、育児休業中であったりしても、取得することは可能です。有期の契約社員の場合、これまでは「1年以上働いていなければ育休を取得できない」という要件がありました。しかし、2022年の秋に施行が見込まれている今回の改定によりそれがなくなり、雇用期間が1年以内でも育休を取得

できるようになりました。

また、子どもが1歳を超えても、保育所に入れないなど一定の要件を満たす場合は、最長で2歳まで取得することができます。企業によっては「3歳になるまで」など、法律を上回る独自の制度を設けている場合もあります。

さらに2022年からは、子の出生直後の男性の休業制度通称「パパ産休」「男性版産休」が新設されます。産後8週間以内に合計4週間の休みを2回に分けて取得できるようになり、育休は産後2回の取得となるため合わせ、最大4回に分割して取得できるようになります。

男性の産・育休取得例

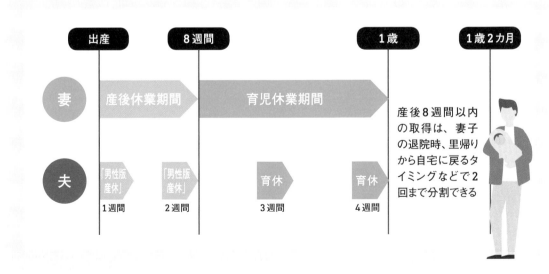

労政審資料より作成。男性は産後8週までに最大2回「男性版産休」を取得できる。
育休は2回分割可能、取得タイミングは家庭の状況に応じて分割可能。

[2] 育休中の給付金は会社からの給料ではない

　雇用保険から育児休業給付金が支給されます。育児休業を開始する日より以前の2年間に被保険者期間が12カ月以上あるなどの一定要件（※）を満たせば、原則として賃金の67%（育児休業開始から6カ月以降は50%）が支給されるもので、非課税のため所得税はかからず、次年度の住民税の算定基礎にもなりません。（※詳しい受給要件については厚生労働省のHP「Q&A～育児休業給付～」参照）

　生後8週間以内の「男性版産休」でも、通常の育休と同様に雇用保険から給付金が支給される予定です。申請手続は、原則として事業主を経由して行う必要があります。ただし、被保険者本人が希望する場合は、本人が申請手続きを行うことも可能です。

[3] 一人取得より夫婦取得が給付最大

　育休中の経済的支援として社会保険（健康保険・厚生年金保険）の保険料が免除される（納付したものとして取り扱われる）ため、手取り賃金は休業前の約8割が支給されます。

　育休から6カ月たつと約5割になるため、一人で育休を1年間取るより、夫婦で半年ずつ取ったほうが有利です。なお、新制度でも支給水準は維持されます。具体的な数字は、厚生労働省のHPでは下記となります。

●平均して月額20万円程度の場合、育児休業開始から6カ月間の支給額は月額13.4万円程度、6カ月経過後の支給額は月額10万円程度
●平均して月額30万円程度の場合、育児休業開始から6カ月間の支給額は月額20.1万円程度、6カ月経過後の支給額は月額15万円程度

妻と夫の育休給付金支給イメージ

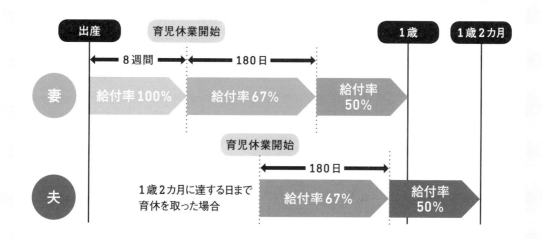

こんな誤解していませんか？

＞＞アンサーはこちら！

Q 男性は産休が取れないのでは？

A 生後8週以内で「男性版産休」が可能に

育児・介護休業法の改正案には、生後8週以内で2回の分割取得や一時就労が可能になるなどの出生時育休（男性産休）について盛り込まれています。また、これまでの法律でも、男性は出産予定日から育児休業を取得することができました。予定日より早く生まれた場合は、育児休業開始日を繰り上げることができます。

Q 育休中は収入がなくなるのでは？

A 雇用保険から支給されます

給料は支払われませんが、雇用保険から育児休業給付金が支給されます。育児休業給付金は休業開始から6カ月までは育児休業取得前の給与の約67%、それ以降は約50%の金額を受け取ることができます。この期間は社会保険料の納付が免除されるので、実質収入の8割はカバーされるのです。

Q 妻が専業主婦だと育休が取れない？

A 取得できます

育児・介護休業法では、従業員は男女を問わず、子どもが1歳になるまでは育児休業を取得することが認められています。妻が専業主婦の夫の場合など、育児ができる配偶者がいる従業員であっても、労使協定の有無にかかわらず、原則として1歳になるまで育児休業を取得することができます。

A 休業中の給付金は会社のコストではありません

休業中の給付金は企業が負担しているわけではないので、会社にコストはかかっていません。さらに「両立支援等助成金（子育てパパ支援助成金）」によって、一定の条件を満たせば、男性社員が育休を取る際に勤務先に助成金が支払われる仕組みになっています（1年度につき10人まで）。

Q 社員が育休を取ると会社にコストがかかってしまうのでは？

第**2**章

企業側にとっては何が課題？
人事部や管理職必読

男性育休義務化
企業が
やるべきは？

「育児・介護休業法等改正法案」の施行により、
企業で男性育休を取り扱う人事部や
ダイバーシティ推進部また、男性育休を
取得予定の部下がいる管理職にとっては、
どんな点が課題になるのでしょうか。
それに対し、どのように対応を
すればいいのでしょう。

「2週間後から産休取ります」 にすぐに対応できるか？

原則として、通常の育休は取得の1カ月前までの申請が必要ですが、新設の「男性版産休」は2週間前までの申請で取得が可能になります。申請期間の短縮は、女性の産後うつのリスクが高い出産直後に男性が休みを取りやすくするための措置です。しかし、企業側にとっては、男性産休を取得する社員がいることを2週間前の時点で初めて知るのでは業務の調整が間に合いません。余裕を持って調整を進めるには、半年から3カ月前には「男性版産休」の取得予定者の存在を把握しておくことが望ましいといえるでしょう。そのため、誰がいつ取得するのかを前もって把握する仕組みをいかにして作るかが重要になります。

情報は、結婚時や出生時など事後の申請書提出で人事部が知ることはできても、「もうすぐ子どもが生まれる」といった事前情報を人事部が把握できないのが通常です。そのため、現実的な対応策としては、各部署において上司が部下のプライベートを把握し、「男性版産休」を取得する予定の社員がいれば早めの段階で人事部と情報を共有するといった方法が考えられます。それには日ごろからプライベートの話題も話しやすい職場の雰囲気づくりが不可欠です。また、産休・育休の取得を予定している男性社員を対象とした企業主導型の「両親（父親）学級」を定期的に開催することも、誰がいつ取得する予定かを把握するうえで有効な取り組みだといえます。

対応のポイント

企業が対象者を早期に把握

- 半年から3カ月前には企業担当者が対象者を把握しておく

職場環境の整備

- 企業主導型の両親（父親）学級などの研修の実施
- 相談窓口の設置
- 制度や取得事例の情報提供

Q 守らない場合の罰則はある？

A 報告の要請や勧告のほか
企業名の公表や罰金も

育児・介護休業法により、条件を満たす労働者から産休・育休の申し出があった場合は、それが男性であっても女性であっても企業は拒むことはできないと定められています。つまり企業が拒否することは違法となり、厚生労働大臣による報告の要請および助言・指導・勧告、企業名の公表（勧告に従わない場合）、20万円以下の罰金といった罰則が科されます。

Q 非正規労働者の場合どうなる？

A 働き始めて1年未満でも
「男性版産休」や育休が取得可能に

これまでは非正規雇用の人が育児休業を取得する場合は「同一の事業主に引き続き1年以上雇用されていること」が要件の一つとなっていました。雇用形態にかかわらず育休を取得しやすくなるよう、今回の改正ではこの要件が撤廃され、働き始めてから1年未満の非正規雇用の人も「男性版産休」や育休を取得できるようになります。

普段からプライベートも語れる「イクボス」が大事に

「イクボス」とは、自分のワークライフバランスを見直し、同じ職場の部下やスタッフの状況を考慮して、彼らのキャリアと人生を応援しながら、組織に貢献し結果を出すことができる経営者や管理職たちのことを指します。

チームメンバーが個々に抱える事情を把握して、育児や介護と仕事の両立をサポートしたり、個人の趣味や勉強の時間も尊重するイクボスは、部下やチームメンバーに「このボスについていきたい」と思わせます。企業にとって、男性育休取得推進にあたっては、このイクボスの存在がカギとなります。

今回の法改正で課題となっているのが、22ページで紹介した、部下からの「2週間後から産休を取ります」にすぐに対応できるか、ということです。しかし、普段から部下の家族構成や年齢を把握して「昨日、小学校の入学式だった？ おめでとう」と話したり、保育園の送迎がある部下の退社時間を把握しておいて「今日、お迎え？」などと声かけすることができるイクボスであれば、急に部下が申請をしてくるという事態は起こらないでしょう。

むしろ、「育休はいつから取るの？」と先に声をかけるくらいが理想的です。職場の「ワークもライフも大事に」という空気や風土は、管理職自身が率先して作っていくことで生まれ、それが企業の育休取得率アップにつながるのです。

イクボスとは？

職場で共に働く部下・スタッフの
ワークライフバランス
（仕事と生活の両立）を考え、
その人のキャリアと人生を応援しながら、
組織に貢献する結果を出す。
自らも仕事と生活を楽しむことができる
上司（経営者・管理職）のこと。

POINT
- 部下の制約事項に理解を示し、無理を強いない
- 個人プレーに頼らずチームでフォローする仕組みを整える
- 欠員に関わる情報にアンテナを張る

部下が「育休を取ります」と申請をしてきたときに、上司として頭をよぎるのが「欠員補充問題」でしょう。
「時短勤務の社員が複数いる」
「頼れるアイツが育休を取る」
「子どもが小学生に上がり、残業が難しくなった社員がいる」
育児や介護などで「いつ休むか分からない」という、制約のあるメンバーがいて、「マイナス1」でチームを回さなくてはならない状況もあるでしょう。残業できない部下を何人も抱えながら、組織の目標を達成しなければならない。そうしたミッションも、イクボスには突きつけられています。
そのために必要なのが、「業務の効率化」です。近年急速に進んだ働き方改革、コロナ下でのリモートワークなどで、生産性の向上が見直され、効率化が進んでいる職場は増えているでしょう。短時間で結果を出し、ムダを省く工夫が必要です。
そして、日常的に「マイナス1」でも回るチームワークを構築することもイクボスの仕事です。プロジェクトごとに担当者が一人だけで抱えるのではなく、複数のメンバーが共有し、欠員が出ても代打ができるような方式を浸透することが強いチーム作りにつながります。
業務の効率化の過程では自然と「チーム全員で目標を共有する」姿勢が問われます。結果、メンバーひとりひとりが目標意識を高く持ち、モチベーションを高められるといった相乗効果も生まれるでしょう。

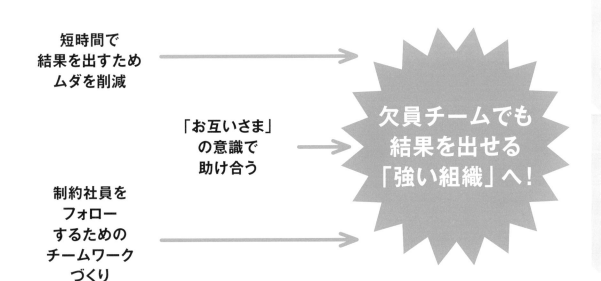

短時間で結果を出すためムダを削減
「お互いさま」の意識で助け合う
制約社員をフォローするためのチームワークづくり

欠員チームでも結果を出せる「強い組織」へ！

チェックリスト
男性育休率アップにつながる
あなたのイクボス度

普段から部下とプライベートな話ができる雰囲気を作る「イクボス」が
育休率アップに必要不可欠。あなたの「イクボス度」は?

イクボス度チェックリスト

☐ 部下が帰宅しなければいけない時間を把握している

☐ チームに欠員が出ても対応できる方法を用意している

☐ 家族構成を「全く」知らないという部下は一人もいない

☐ 子どもの病気で早退する部下に「お大事に」と快く言える

☐ 子育てや介護が理由で休みを取っている部下の事情を把握している

☐ 部下とプライベートな話もする

☐ 自分自身の出世ではなく、部下の成長を第一に考えている

☐ 趣味やボランティアなど、自分の人生を楽しんでいる

チェックの数は?　　　　　　個　　>> 　5個以上……合格
　　　　　　　　　　　　　　　　　　　　　1〜4個……もう一歩
　　　　　　　　　　　　　　　　　　　　　0個………イクボス失格

部下から「妻が妊娠した」と
打ち明けられたとき・・・
「おめでとう！ 育休は
いつから取る？」

部下から、妊娠中の妻の体調が
悪いと伝えられたとき
「早く帰ったほうが
いいよ」

自分自身の仕事のマネ
ジメント能力が高く、短
時間・少人数で成果を
出すチームのマネジメ
ントも得意

部下をえり好みせず、
分け隔て無くオープン
にコミュニケーション
ができる

結果を周りのせいにし
ない。責任を取る度量
がある

多様な価値観を理解で
き、社内外のネットワ
ークが広い。営業能力
が高い

部下はもちろん部下の
家族も大事な存在と考
えることができる

共働き、育児中、介護
中など制約を抱えた社
員の悩みを理解し、一
緒に解決できる

職場でも家族の話を笑
顔でできる。ワークラ
イフバランスを充実さ
せる姿を自ら発信して
いる

チェックリスト
男性育休を阻害する
あなたのダメボス度

「イクボス」の反対に位置する「ダメボス」。
ここにチェックが多くついたら、男性育休の足を引っ張る存在ということ。

ダメボス度チェックリスト

☐ 部下の家族構成をほとんど知らない

☐ 仕事の調子が上がってくるのは午後から

☐ 残業をいとわず深夜まで働ける部下は優秀だと思う

☐ 愛読書はビジネス本が中心で、自分の出世ばかり気になる

☐ ボランティアや地域・社会貢献の経験がない

☐ 仕事以外の話題を提供しろと言われても困ってしまう

☐ 頻繁に部下から「退職願」や「異動希望」を出される

☐ 実は、家族との関係があまりうまくいっていない

チェックの数は？ ☐ 個 ≫ 5個以上……ダメボス認定
1〜4個……ダメボス黄色信号
0個…………イクボスの可能性大

チェックリストなどは『育児&介護を乗り切るダイバーシティ・マネジメント　イクボスの教科書』(日経BP)を基に作成

部下から「妻が妊娠した」と
打ち明けられたとき・・・
「・・・えー、まさか
育休取らないよね？」

部下から、妊娠中の妻の体調が
悪いと伝えられたとき
「まさか
帰らないよね？」

体育会系の根性主義
者で、何時までも残業
できる部下にばかり目
をかける

子育てや介護など、制
約のある社員の事情
はほとんど理解してお
らず、デリカシーのな
い言葉を部下に度々
かける

短時間で成果を出す
ための時間管理能力
がない。部下に無駄な
作業を押し付けている
ことに気づかない

休暇を取らない皆勤
賞マンだが、仕事に無
駄が多く、一日の中で
集中している時間はわ
ずか

家族との時間をほとん
ど取ってこなかったの
で、家庭での居場所が
ない（結果、職場で長
時間過ごす）

部下の成長を促すマネ
ジメントはほとんどせ
ず、自分自身の出世ば
かり気にしている

趣味や地域社会での
活動など、仕事以外の
世界にコミットする経験
に乏しく、視野が狭い

パタハラを防ぎ、男性育休を進めるために大切なのは現場の納得感

「妻の出産に伴い育休を取って復帰したら、やりがいのない業務に一方的にアサインされた」「子どもが生まれた直後に海外転勤を言い渡され、退職せざるを得なくなった」――。

男性社員が育児休業を取ったことなどを理由に、嫌がらせなどを行う「パタニティ・ハラスメント」(パタハラ)は、今や企業のリスク管理上、見逃せない重要課題の一つとなっています。

冒頭で紹介したのは、実際に男性従業員に対して起こったパタハラの例です。育休取得者の職場復帰後のキャリアを支援する、育休後コンサルタントの山口理栄さんのもとには、こうした不満の声が時々寄せられるといいます。

男性社員による育児休業の取得率は、いまだ7.48%と低迷(2019年度、厚生労働省調べ)。「く

るみんマーク」(仕事と子育ての両立支援に取り組んでいると認定された企業に付与されるマーク)を取得していた企業ですらパタハラが疑われるような事例が発生したこともあります。

山口さんは、「男性の育児に対する意識が、社内で"まだら模様"になっていることが原因です」と指摘します。「たとえ企業のトップが『女性活躍』『男性育休』を推進すると宣言しても、現場が納得していないし、受け止め切れていない。『女性活躍や男性の子育てには賛成だけど、うちの部署でそれをやられては仕事が回らない』と考えている社員がいるということです」

[STEP 1]
トップが「男性育休推進」のメッセージを出す

企業のトップ自らが「理由や自社のメリットを具体的に示し、全社員が納得できる内容に落とし込んで、繰り返し周知することが大事」と山口さん。

[STEP 2]
部長クラスを部署の「男性育休推進」責任者にする

「具体的には、彼らの人事評価項目に『男性部下に子どもが生まれた際、育休を取得させたか』『何日取得させたか』という項目を入れ達成目標とするなどの策が考えられます」

課長クラスの不安を払拭することが大切

　男性が育休を取りにくい背景には、人員不足もあると山口さんは言います。「いまだに有休取得率すら低く、『皆が休みなく働いているのに、育休を取るなんてけしからん』という職場もある。こうした職場では、育休を取った男性に対して"裏切られ感"や反発が生まれ、パタハラにつながるケースがあります」

　企業はどうすればパタハラを防ぎ、男性育休を推し進められるのでしょうか。山口さんが提案するのは、下で提唱する3ステップです。まずは企業のトップがしっかりと、「女性活躍や男性育休を本気で推進する」というメッセージを出すこと（ステップ1）。次のステップ2で、部長クラスを部署の男性育休推進の責任者にすること。そして、ステップ3で、現場の課長クラスの不安を払拭すること。「人事部が社内の男性育休の取得人数（部署別）、取得期間などの実績を年別に集計して共有し、その際の人員補充はどうしたか、などの事例を紹介したり、管理職同士の情報共有の場を設けたりするのも有効で

す」

　山口さんは男性育休に際しスウェーデンの育児休暇制度のようなスタイルを推奨しています。スウェーデンでは産休と育休に分かれておらず、子ども1人当たり、両親あわせて480日の「両親休暇」を取得できるのです。それを両親で分けて使うことができますが、父母にそれぞれ90日の枠があって、それを譲ることはできません。母親だけで使う場合は390日しか利用できず、父親も使わないと480日フルで利用できないシステム（ただし、シングルファザー・マザーは1人で480日使える）。

　「育休は3日や1週間ではあまり意味がありません。女性だけが長く休むより、夫婦で休職期間を分かち合ったほうが、その後の育児も互いに協力しやすい。ただし、夫婦ともに、あらかじめ決めたタイミングで予定通り職場復帰するためには、いつでも保育園に入れるよう、待機児童問題を一刻も早く解消することが必要です」

[STEP 3]

現場の課長クラスの不安を払拭する

「人事部門が現場に情報提供をすることが大切。課長クラスが抱える個別の不安や課題をヒアリングして解決方法を提示したり、管理職同士の情報共有の場を設けたりするのも有効」

ステップ1〜3を
取り入れて
男性育休率を
大幅アップさせた
先進企業の事例を
第4章で紹介

「企業内両親学級」のススメ
企業と従業員双方向メリット

男性育休の義務化の議論が本格化するなかで、「男性が育休を取っても家でゴロゴロするだけなので意味がないのでは」という懸念の声が聞かれました。確かに、産休や育休を取ってもどうしたらいいのか分からない場合、「取るだけ育休」になり、妻が不満を抱える可能性があります。しかしその背景には、これまで男性が家事育児を学ぶ場がほとんどなかったということがあります。

そこで企業が「男性版産休・育休」取得推進とセットで進めるべきなのが、「企業内両親学級」の開催です。塚越学さんは、共働き時代に即した企業内両親学級は企業と従業員の双方にメリットがあると話します。

産院や自治体では以前から母親学級や両親学級を開催しています。そこでは助産師や保健師が講師となり、妊娠中の身体の変化、出産までの経緯など産前情報、沐浴（もくよく）やオムツ替えなど新生児情報が中心です。

しかし、最近は男性が家事育児に主体的に関わったり、職場復帰する妻と交代で育休を取ったりするようになっているので、その情報だけでは足りません。また、従来型の両親学級は平日に開催されることが多く、忙しい共働きには参加しにくい面があります。そこで最近増えているのが、企業や自治体による新しいタイプの両親学級です。

企業が開催する企業内両親学級では、育休に必要となる家事育児のノウハウや夫婦のコミュニケーションの取り方、父親にはどのような役

メリット **1**
勤務先やオンラインで受講できる

共働きが増え、平日の日中や休日に両親学級へ行くのは負担になるという声が多い。企業が主催する講座なら、会場が職場やオンラインで、時間も夜や就業時間内なので受講しやすい。

メリット **2**
病院や自治体の講座と異なりより実践的

病院や自治体の講座は妊娠中や産前産後に必要な情報がメイン。企業内両親学級は、父親の役割や、子育てチームづくり、パートナーシップ、仕事との両立などを学ぶので長期的に役立つ。

割が求められているか、仕事と両立の秘訣など を学びます。

もちろん、従来型の両親学級の内容も大切で す。塚越さんは「産院が主催する講座では、妊 娠・出産を中心とした内容にし、保健師が講師 となる自治体主催の講座では産前産後の保健指 導、新生児育児のコツ、体験、交流を中心にする など、コンテンツを棲み分けていくとよいので は」と提案します。

会社員が参加しやすい企業型。 企業は育休取得率向上につながる

企業が開催する場合、職場やオンラインで就 業中や平日夜に行われることから、男性従業員 が参加しやすいというメリットがあります。

受講をきっかけに、休業中の育児や家事への 意識が高まり、産休・育休の取得率が向上する ことも考えられます。産休・育休を取得する際 に、両親学級の受講を必須にすれば、休業中の 過ごし方の見通しがつき、ゴロゴロ休暇になり にくくなります。

また、従業員同士の横のつながりが作れるの も企業内両親学級のメリットです。家事と育児

の両立についての情報交換がしやすいことも働 き続ける上で役に立つでしょう。

企業側にとって、従業員の配偶者の妊娠情報 は、通常は分かりにくいものです。これも、従業 員やパートナーが企業内両親学級に参加するこ とで、誰がいつ頃産休・育休を取るかという情 報が得られ、人事計画を立てやすくなります。

地域開放に期待。開催企業への インセンティブも検討を

企業内両親学級は大企業が1社で行うことも ありますが、中小企業の場合は複数の企業が共 同で開催しています。今後は、従業員のパート ナーや地域に開放して、両親学級がない企業の 従業員やフリーランス、自営業者も受講できる ようにすることが期待されています。

塚越さんは「両親学級を開催した企業や団体 には国や自治体から助成金が出たり、子育て支 援企業の証しとなる『くるみん』や、女性活躍を 推進する企業を認定する『えるぼし』を付与す るインセンティブを設計したりすると普及しや すいのでは」と話します。

メリット3

会社主導で配偶者の 妊娠情報が 人事部に伝わりやすい

企業は男性従業員の配偶者の妊娠 情報を把握しにくい。本人やパー トナーが両親学級を受講すること で、出産時期などの情報を把握で き、上司からの育休取得の打診な どもしやすくなる。

メリット4

社内の 育児ネットワークを 構築できる

受講をきっかけに、出産時期が近 い従業員が横につながり、育児中 従業員の社内ネットワークを構築 できる。育休復帰後に自社での両立 のコツを共有したり、孤立を防いだ りでき、産後の離職の予防になる。

企業内両親学級、どんな感じ？

企業と従業員の双方にメリットがある企業内両親学級とはどのような内容なのでしょうか。2021年1月に厚生労働省イクメンプロジェクトとNPO法人ファザーリング・ジャパンが共同開催し、塚越学さんが講師を務めた両親学級の様子を紹介します。

平日の午後にオンラインで行われた講座には21社から約30名が参加。参加者の内訳は一人で参加している人が83%、夫婦での参加が14%でした。両親学級というとお産の流れや赤ちゃんのお世話の解説といった内容をイメージしますが、今回の企業内両親学級は完全にビジネスパーソン目線です。7つのパートに分けて行われた講座の内容を、順を追って説明していきましょう。

同じ時間でも育児が仕事より大変なのはなぜかを分析

パート1では、東レ経営研究所の渥美由喜さんの「夫婦の愛情曲線」を紹介。妻から夫への愛情は、産後低迷し、子どもが幼いときに夫婦で育児をできていないと、子どもが成長した後も低迷したままであること、そこでどのようなことが大切かを解説します。

続くパート2は同じ時間だけ仕事と育児をしていても、なぜ育児のほうがより疲れるのかを、論理的に分析。授乳やオムツ替えといった育児サイクルが一日何度も繰り返されること、育児以外の自由な時間も緊張が続くことを説明します。

産後の妻のホルモン変動やメンタルヘルスの

講座は大きく3つのステップに

STEP 1
新生児期の暮らし、妻の変化を解説

新生児育児の大変さや産後の妻のホルモンやメンタルの変化を解説。男性が産休・育休を取り、家事や育児を担当する必要性を説明する。育休の取り方についても、柔軟に考えてよいとアドバイス。

STEP 2
グループワーク。妻が希望することを話し合ってみる

少人数のグループに分かれ、男性は妻の気持ちを推測してトーク。妻もコメントする。夫婦で歩み寄るパートナーシップの作り方や言葉かけ、気遣い、妻が何を求めているかを考える大切さを学ぶ。

STEP 3
共働き子育てのフレームワーク

「チーム子育て」をするうえで、男女の役割分担の思い込みを断ち切ることの必要性、職場、パートナー、自分に大切な要素、成功させる秘訣を学ぶ。育児が仕事スキルを成長させることについても触れる。

大切さなどを踏まえ、産後3カ月間に夫の役割や、男性育休の取り方についても言及。塚越さんは「産後すぐに夫婦で育児をスタートするために、男性が『産育休』を取ることはとても大切です。しかし、その後の取り方は100人いたら100通り。柔軟に考えましょう」とアドバイスします。

パート3では子どもの成長と働き方の関係について解説し、パート4はグループワークに移行。参加者が4〜5人ずつのグループになり、「妻が自分にしてほしいと思っていること」などをトークしていきます。グループワーク後は塚越さんが、パートナーとの良い関係づくりについて解説。妻が夫に何を求めているかについても言及します。

子育てもチームビルディングが必要
あきらめるとワンオペに

続くパート5〜6はまさに企業内両親学級ならではの切り口。共働き世帯が過半数の今の子育て世帯を取り巻く環境の解説。さらに、子育て世代のキャリアの在り方について触れていきます。

塚越さんは夫婦の育児分担度を横軸に、出世や夢など仕事を縦軸で整理し、いわゆる「イク

メン」「バリキャリ」「ゆるキャリ」、今後の姿、自分だけでなく、家族や周囲のキャリアが伸びるあり方も考えてと提案します。

次に、家事と育児の分担状況についての個人ワークを実施。育児の多くは妻が担っているというデータも紹介して、育児への思い込みは男女ともに根深いので、白紙にして夫婦で話し合い、わが家に合った形を模索しましょうとアドバイスします。

最後のパート7では、共働き子育てのフレームワークの作り方を提案。夫婦だけでなく祖父母や先生、家事代行、最新家電など「チーム」で子育てを進め、そのために、ヘルプではなくシェアが大切なことを解説します。また、チーム子育てはビジネスのチームビルディングと同様に段階ごとに発展し、ワンオペ育児はチームからの離脱であると説明。成功させるポイントについて話します。さらに育児体験が仕事スキルを向上させることについても詳しく解説しました。

塚越さんは最後に「今しかない子育ての時間を楽しみ、その姿を後輩たちに見せてください。それが働き方、子育てを変えていきます」とコメントし、2時間の講座は終了しました。

昨年秋に第1子が誕生し、2週間の育休を取得しました。新生児期は本当に大変で……。その原因は、仕事とは異なり、子育てでは常に緊張していることや続けて休めないことだと講座を聞いて分かり、納得。先に知っていたので心構えができてよかったです。職場復帰する日は、妻だけ置いていくのがとても不安でした。後輩には1カ月くらいは育休を取るように勧めたいです。(Uさん)

育休取得については、収入がどう変わるかという物差しでしか考えたことがありませんでした。しかし、講座で新生児育児の大変さや妻と一緒に育児をスタートさせる大切さを聞いた今、「産休育休」は取らないといけないと思っています。共働きでは働き方をどう変えるかも大切なことが分かりました。わが家はこれから妊活予定ですが、事前に知ることができてよかったです。(Tさん)

参 加 し た 男 性 の 声

第**3**章

職場にどう切り出せばいい？
育休に入る前に何をすればいい？

新米パパの

育休を
取りたいけど
不安…

育休取得

ガイド

育休を取りたくても、職場にどう
切り出していいか分からない。
職場に迷惑をかけるかもしれない、
自分一人で担っている仕事があるので
取得がためらわれる…。
実際に育休を取得したパパたちは、
不在期間に業務に穴を開けないため、
どのような工夫をしたのでしょうか。
育休中、職場復帰後の事例とあわせて紹介します。

職場にどう伝える？ 育休取得の切り出し方

育休を取得したいけれどなかなか上司に切り出しにくい、どうやって話せばいいか分からない……。そんな不安を抱えている新米パパがいるかもしれません。「育休を取りたいけど、職場での関係性や今後のキャリアにもネガティブな影響は与えたくない」「男性育休の前例がないなかで、取得ができるかどうか不安だ」。具体的にはそんな不安があるかもしれません。

「スムーズに育休に入るためには"ちょっとしたコツ"があります」と塚越学さんは言います。一番大切なのは、育休を取得したいと思ったら、早めに申し出ることです。「できれば育休を取得する半年前など、早めに職場に伝えたほうがいいでしょう」

早いうちから上司や周囲に希望を伝えておく

制度上は、「男性版産休は2週間前」「育休は休業開始予定日の1カ月前」までに事業主へ申し出ることとされていますが、「男性が育休を取得することを会社側が想定していない場合があります。そのため、早いうちから上司や周囲に希望を伝えることが大切なポイントです」と塚越さんはアドバイスします。

実際、取得予定の1カ月前での申告では、会社側も担当替えや引き継ぎなどで準備が慌ただしくなってしまう可能性があります。塚越さんは「育休を取ることは権利ですし、本来は職場に

3つのポイント

1
早めに
申し出る
（理想は半年前）

2
日ごろから
育児に積極的で
あることを
アピールする

3
仕事の
「見える化」を
する

⇒94〜95ページのシートでやってみよう

対する影響を最小限にするのは会社と上司の仕事です。しかし、男性の育休が一般化するまでは、取得を希望する本人が先手を打ってさまざまな工夫をする必要があります」と語ります。

周囲に自分の意思を
アピールしておく

大事なのは、男性従業員自身が日ごろから育児に積極的に関わりたいという意思をアピールをすること。パートナーの妊娠の有無にかかわらず、日ごろの職場でのコミュニケーションの中で、家族に関する自分のスタンスをアピールしておくこともおすすめだといいます。「将来子どもが生まれたら育休を取りたい」「私は仕事も家族との時間も両方大切にする人間です」などの言葉で、早め早めに自分のイメージをすり込んでおくといいでしょう。

育休に関する自分の考えを、普段からオープンにしておくのも手です。職場で男性育休の話題が出たときに「自分は好意的に受け止めているし、自分も機会があれば考えたい」と伝えておくのです。あなたが育休を取りたいと考えて

いることが周知されます。

自分の仕事の
「見える化」を進める

育休取得にあたって仕事に穴を開けないために大切なのが、自分の仕事の「見える化」だといいます。

「自分の頭の中にしかない情報や仕事のやり方があることが自分の価値だと考えている人は、いざというときに休めませんし、会社にとってもリスクです。育休を良いきっかけと捉えて、ぜひみんなで仕事のノウハウを言語化してオープンにしてほしい。そうすれば、育休に限らず、休み自体も取りやすくなり、職場全体の働き方改革にもつながります」

普段からアピール
しておきたい

「将来子どもが
生まれたら
育休を取りたい」

「仕事も
家族との時間も両方
大切にしたい」

職場に配慮をしている
周囲から育休取得を
歓迎されるOKパパ

育休という権利を取得するためにも、職場や仕事相手に迷惑をかけないように
責任感を持って引き継ぎを行うことがポイントです。

「OKパパ度」チェックリスト

☐ 家と職場で自分のやるべきことを認識している

☐ 自分の業務の流れや内容をまとめている

☐ これまでの顧客とのやり取りや情報をまとめている

☐ 資料を収納場所も含め、整理している

☐ 同じ部署のメンバーに育休を取ることを自分で伝える予定だ

☐ 短い期間でもしっかり顧客や取引先をメンバーに引き継ぐ予定だ

☐ 周りに感謝の気持ちがある。持ちつ持たれつだと思っている

☐ 男性が家事育児をするのは当然だと思っている

チェックの数は？ ☐ 個 ≫ 5個以上……OKパパ認定
1〜4個……黄色信号
0個…………残念パパの可能性大

育休を取ることを報告したら、自分の仕事の棚卸しをして引き継ぎなどをお願いする

育休取得期間のイメージを伝えておく

部署のメンバーに育休を取得することを自分の口から報告をする

育休期間に自分の仕事を引き継いでもらう同僚とはしっかり情報共有をする

社外の取引先などにも伝える必要があるときは、自分から伝える

立つ鳥あとを濁してしまう
周囲に迷惑をかける
残念パパ

育休を連休と勘違いしていない？　権利だけを主張して、
仕事の義務を全うしない姿勢はNGです。

「残念パパ度」チェックリスト

☐ 家では妻からの指示待ち、会社では上司からの指示待ち

☐ 自分の業務の流れや内容を人に伝えていない

☐ これまでの顧客とのやり取りや情報の管理がいいかげんだ

☐ 資料を収納場所も含め、整理できていない

☐ 育休はプライベートのことだからわざわざ言わなくていいと思っている

☐ 短い期間だから引き継ぎは適当でいいと思っている

☐ 取る時期は自由だと思っている

☐ 育休でのんびりできそうだと思っている

チェックの数は？　☐個　＞＞　5個以上……残念パパ認定
　　　　　　　　　　　　　　　　1〜4個……黄色信号
　　　　　　　　　　　　　　　　0個…………OKパパ

柔軟性が高い産育休
どの取り方で取得する？

　出生後8週間以内の「男性版産休」の取得期間は4週間で、2回の分割が可能です。そして、育休は2回の分割が可能に。最大4回の「男性版産休・育休」を取ることができるようになります。

　柔軟性が高い分、「どれだけの期間取得するか」ということを、悩んでしまう人がいるかもしれません。

　「男性版産休」は「分割」か「一括」で選ぶことができます。「ママにとって、どれが一番いいか」という視点で選びましょう。

　今回の改正で出産直後の男性版産休促進に焦点が当たった背景には、妊産婦の孤立や心身の不調の深刻化があります。出産直後は睡眠不足やホルモンバランスの崩れなどで「産後うつ」に至ることも。こうした事態を防ぐため、夫が継続的に子育てを担うべきとして作られました。次ページからの育休取得ケースは共働き家庭を想定しているものですが、妻が専業主婦でも取得できます。

「男性版産休」の取得ケース

男性版産休　パパの取り方例

生後8週間まで ➡

男性版産休【分割】
- 出産・退院から2週間
- 里帰りから戻るタイミングで2週間

男性版産休【一括】
- 出生・退院から4週間連続
- 里帰りから戻るタイミングで4週間連続

「男性版産休」は4週間、分割でも連続でも取得が可能。出産時に2週間、里帰りから戻るタイミングで2週間の分割か、どちらかのタイミングで4週間連続取得をするか、3種類の取り方がある。

育休1回取得のケース

バトンタッチ型

妻 育休

バトンタッチ

夫 育休

妻の復帰と入れ替わりで取得するケース。妻が育休から復帰後にペースを掴むために家事育児を担ったり、子どもが保育園に入園した直後に慣らし保育期間のフォローにあてたりする利用ができる。

引き継ぎ型

妻 育休

ママの復帰を
カバー

夫 育休

妻の復帰に合わせて一定の引き継ぎ期間をかぶせて取得。妻の育休復帰と時期をあわせて、同時期に家事育児を担ったり、子どもが保育園に入園した直後に慣らし保育期間のフォローにあてたりといった利用の仕方ができる。

期間内取得型

妻 育休

ママと一緒に育児。
仕事タイミングで

夫 育休

妻の産後をしっかりサポートするために出産に合わせて取得。妻が里帰り出産をしない場合、1人目がいて2人目以上の出産の時に、上の子のお世話をするなどの利用できる。

育休の取得期間や取得回数について"正解"はありません。いつ、どんな分担が必要なのか。夫婦で話し合って決めるのが大原則です。2回目の育休でも、「妻の職場復帰時にバトンタッチをしたい」「子どもの手のかかり具合で取りたい」「専業主婦だった妻の再就職をサポートした」といった理由で取得をする方法もあります。下で紹介するのは一例ですが、家庭の状況に応じてほかの取り方もあり得ます。

「育休」というと、どうしても生まれた赤ちゃんの育児ばかりに意識が向きがちですが、「家事全般を担う」「上の子どもの入園・就学のサポートをする」という形の育休もあります。自分の家庭には何が最も適しているのか、夫婦で話し合いましょう。

育休2回取得のケース

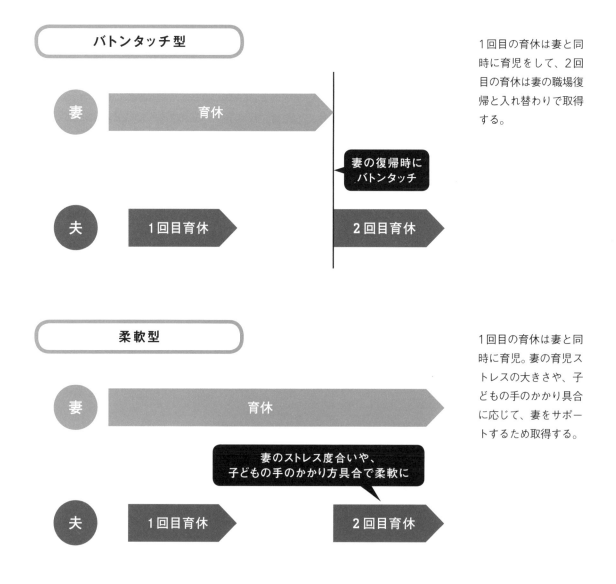

バトンタッチ型

妻　育休

妻の復帰時にバトンタッチ

夫　1回目育休　2回目育休

1回目の育休は妻と同時に育児をして、2回目の育休は妻の職場復帰と入れ替わりで取得する。

柔軟型

妻　育休

妻のストレス度合いや、子どもの手のかかり方具合で柔軟に

夫　1回目育休　2回目育休

1回目の育休は妻と同時に育児。妻の育児ストレスの大きさや、子どもの手のかかり具合に応じて、妻をサポートするため取得する。

上の子のサポート

妻	育休

上の子の環境の変化（保育園や幼稚園入園、入学）に合わせて

夫	1回目育休	2回目育休

育休対象となる子どもではなく、上の子どもが入園や就学などで環境が変わるタイミングで上の子をサポートすることをメインの目的として取得する。

ママの就職準備サポート型

妻	専業主婦期間	妻が就職活動

妻の就活サポート

夫	1回目育休	2回目育休

妻が専業主婦でも育休は取得できる。妻が就職活動を始めるタイミングで、サポートをするために取得する。

男性育休を進めるには 妻や祖父母の意識変化も必要

パパが育休を取りたいと意気込んでいる一方で、ママや両親（祖父母）が渋い顔をしたり、反対したりすることがあります。

「パパが育休を取って家事をしても、私がやるほうが早い」「足手まといで戦力外だから育休をとらなくてもいい」。そう考えるママがいるかもしれません。家事を手放すことに罪悪感を覚えたり、パパが家事をして気に入らなかったり自分とは違うやり方なので、できるだけ自分でしたい、頼みたくない、と考えてしまうこともあるかもしれません。

家事ができないパパでも 任せることで試行錯誤をするように

塚越学さんはそんなママに対して、「家事は最初からうまくやることを期待してはいけません」と言います。

「家事育児ではチーム力が必要です。仕事でもそうですが、チームでやろうとすると相手に教えたりして、思い通り動いてくれなかったり、手間がかかったり面倒なこともあるかもしれません。しかしそこで自分からチームを離脱すると自分がワンオペ状態になってしまうのです。パパが家事や育児をうまくできなくても、任せることが大切です。パパもママから期待される

ママと祖父母の意識チェック

パパは気持ちよく育休を取れそう？

□ 男は育児よりも仕事をするべきだ

□ 男は家族を養うのが義務。育休を取るより稼いできてほしい

□ 育児は女性がするもの

□ 育休を取ると出世に響きそう

□ 男が育休を取るのは体裁が悪い

□ 男が育休を取っても足手まといになりそう

チェックの数は？ ☐ 個

>> 4個以上……意識改革が必要
1〜3個……もう一歩
0個…………OK

● パパは「自分がやりたい」と意思を表示する

● ママは、パパの家事に不満があっても見守る

● 祖父母は「男性の育児参加は当然」という意識を持つ

ことで、自分なりに試行錯誤するようになり、意識が変わっていきます」と言います。

古い価値観の祖父母には「自分がやりたい」とアピールする

「男は外で仕事をして稼いでくるのが当たり前」「男性が家事や育児をするなんて」という、古い価値観を持っている祖父母世代はいるかもしれません。そんな祖父母から見ると、男性育休は「遊んでいる」ように見えるかもしれません。

また、最近は仕事と子育てを両立するママを助けるために祖父母が育児をサポートをする「孫育」が増えています。祖父母も親切心から「私たちがあなたの代わりに子育てを手伝って

あげるから、育休を取らなくてもいいよ」と声をかけてくれるかもしれません。

そんなときに大事なのは、「パパ自身が『育児をしたい』と意思を表示することです」と塚越さんは言います。

パパ自身が、「僕が」育児をしたいのですと声を出し、実際に動くことで、妻や祖父母の意識変容につながるでしょう。

僕がしたいんです

育休に入る前に
どんな準備をした？
段取りの事例

男性が育休を取得するにあたっては、休業中の業務調整をいかに円滑に進めるかが重要となります。部署のメンバーに引き継ぐ仕事がある場合は、業務内容や進捗状況の「見える化」を心がけるとともに、ムダな業務がないかを見直すことも必要です。また、繁忙期を避けて育休を取得できるように時期を調整する、育休取得予定があることを早めにチームメンバーと共有するなど、周囲の理解を得やすくするためにできる工夫にはさまざまなことがありそうです。

実際に育休を取得した男性たちは、育休に入る前にどのような準備をしていたのでしょうか。それぞれが抱えていた課題と、それをどのような工夫でクリアしたのかを紹介します。

パパの取得事例 スープストックトーキョー

良き「前例」となるために
社長でも1カ月の育休を取得した

DATA

スープストックトーキョー取締役社長
スマイルズ取締役副社長
松尾真継さん

2016年、「スマイルズ」の分社によりスープストックトーキョーを設立し、社長に就任。第1子の誕生後、「スマイルズ」で家族連れが楽しめるファミレス「100本のスプーン」を立ち上げる。

育休取得期間
1カ月間

第2子の誕生を機に、松尾さんは2018年4月6日から5月6日まで、1カ月にわたって育休を取得した。スープストックトーキョーで男性社員が育休を取得したのは、松尾さんが2人目。「『公私混同』ならぬ『公私同根』をうたい、社員自らの生活者としての経験がお客様に寄り添ったサービスや事業につながるというのが、創業以来の当社の考え方。男性社員が育休を取得して子育てや家事を経験することは、子育て中の人々が感じる不便を解消するようなサービスや事業を生み出すためにも必要なことです。社長である私が1カ月の育休を取れば、それが前例となり、『社長も1カ月休んだのだから、自分も育休を1カ月取ろう』と考える男性社員を増やせるのではないか。そう考え、1カ月というまとまった期間の育休を取得することにしまし

た」と松尾さんは言う。

社長が1カ月もの休みを取得するとなると、会社の経営に影響が出ないようにするための配慮が必要となる。松尾さんの場合は、育休の取得時期が年次計画や予算といった重要事項を決定する時期と重ならないように配慮し、年次決算が終わったタイミングにしたという。「4月からの新年度の事業に関しては、前年度の1月の時点でビジョンを描き、2月には予算を組み、3月初めにはそれらを社員と共有しながら4月以降の走り出しのイメージを描いています。4月に入ってからは重要な事項に関することのみ報告してもらえれば、あとは各部署に任せても問題ない時期に入るので、このタイミングであれば1カ月の育休を取っても大丈夫だろうと判断しました」。社員たちは、花束に「松尾さん、育休いってらっしゃいませ！」の言葉を添えて快く送り出してくれた。

社長不在でも
仕事に穴を開けないために

事前に心がけたのは、トラブル発生時にすぐに連絡を取り合える仕組みづくり。緊急連絡のためのツールとしては、スマホで簡単に連絡を取り合えるチャットツールを事前に準備した。

実際に社員からトラブルに関する相談が寄せられたこともあったが、その場ですぐに返答できたため、電話で指示を出すことはせずとも、チャットツールのみで対応が可能だったという。「育休中は結局、仕事用のパソコンを開くことはありませんでした。妻はまだ夜間の授乳で大変な時期だったので、昼間は少しでも妻を休ませることができるように、洗濯、掃除、風呂洗い、朝と夜の食事の用意、子どものおむつ替えなどは自分が担当。育休を取得した4月はちょうど上の子が小学校に入学したタイミングだったので、登校時に通学路の様子を見に行ったこともあります」と松尾さんは当時のことを振り返る。「会社経営でも家庭内のマネジメントでも、求められるものは実は同じだと思います」

松尾さんが育休を取得した後、同社では部長職の男性が第1子誕生時に1カ月、第2子のときに半年の育休を取得。社長自らが長期の育休を取得したことが、良き「前例」となっている。

課題

社長が1カ月不在となり
会社経営に影響が出ないか

▓▓▓ **工 夫** ▓▓▓

新年度のビジョン策定、予算編成などを終え、社員と具体的なイメージが共有できた段階で休みに入れるように育休の時期を調整。重要なことのみ報告をもらえばよい状態にしておいた。

課題

トラブル発生時に
すぐに対応ができるか

▓▓▓ **工 夫** ▓▓▓

トラブル発生時には、スマホで確認できるチャットツールですぐに連絡を取り合える体制を事前に整備。結果的に、電話で指示を出すには至らず、チャットツールのみで対応できた。

51

誕生が1カ月早まり2カ月半取得
「早めに準備したほうがいい」

DATA

東京第4事業部
シニア
渡邊康平さん

第2子誕生直後の、2020年6〜8月に取得。約2カ月の育休に約2週間の夏休みを足して合計約2カ月半取得

育休取得期間

休日を含めて
約2カ月半

　第2子誕生にあたり、上の子の世話をするために育休を取得することを決めた公認会計士の渡邊康平さん。出産予定日は7月中旬だったため、約1カ月間取得して盆明けに復帰することを計画。ところが出産が約1カ月早まった。「そろそろ本格的に準備しようと思っていた矢先でした。大急ぎで引き継ぎをして、誕生6日後から育休を開始。出産時期は早まるかもというリスクを想定して準備したほうがいいと思います。私自身は、チームのメンバーやアシスタント、人事部も含め、提出書類をスピーディーにまとめてくれたり組織全体のサポートのおかげで休めました」

　取得を見据え、業務の配分を変更していたことも奏功した。同社では社員一人ひとりが複数のプロジェクトチームに所属。各人の業務量を各チーム内で共有し、それぞれの忙しさに合わせて業務量を調整するといった働き方を普段からしている。渡邊さんは、現場の取りまとめ役のシニアという立場で、自分のチーム内でそうした調整を行っている。「監査法人の最繁忙期である4〜5月を終えた6月のタイミングで『夏に育休を取る』と周囲には雑談レベルで伝え、7月以降の自分の業務を増やさないようにチームメンバーに配分していたので乗り切れました。子どもたちの成長を2カ月半見続けられたのはとても貴重な体験。1カ月過ぎたあたりで仕事も恋しくなり、自分がこの仕事が好きだということも改めて認識できました」

課題

自分が不在の間
仕事をどうするか

工夫

4〜5月の繁忙期が終わったタイミングで「夏に育休を取る」と周囲に伝え、取得予定の7月の自身の担当量が減るように事前に業務配分を変更した。

課題

予定日1カ月前に誕生
前倒しで取得することに

工夫

本格的な取得準備に入ろうと人事との面談をした直後に子が誕生。予定日より1カ月前だったが、組織の全面的サポートで平日3日間で引き継ぎを済ませ、1カ月前倒しで取得した。

3分割で育休を取得し、事前に見える化・共有化を徹底

DATA

積水ハウス
広報室主任
槻並省吾さん

2019年8月から翌年春に
かけ、育休を3回に分けて
1カ月取得。小学生2人を
含む3人の育児、家事をす
べて担当した。

育休取得期間

休日を含めて
約1カ月間

2018年9月から、3歳未満の子どもを持つすべての男性社員を対象として、1カ月以上の育児休暇取得を推進している積水ハウス。対象者全員の取得率100％を目指す方針のもと、広報室主任の槻並省吾さんも2019年8月から3回に分けて育休を取得した。3回に分けた理由は大きく2つ。1つは、仕事が比較的落ち着いた期間を選び、同僚に負荷をかけないようにするため。もう1つは、子どもの休みに合わせるためだ。

「1回の取得期間が10日ほどなら、時期を見極め、取得前の準備をしっかりすることで業務に支障を来さずに済みます。また、子どもの休みに合わせれば、上の小学生の子どもたちと一緒に過ごして、平日の妻の負担を軽減できると考えました」

こうした取得期間、および取得時期の工夫のほか、育休前には徹底した見える化を実行。担当する業務を洗い出して一覧にし、社内外の関係者にも休暇期間と引き継ぎ先をすべて伝えて、引き継がれた人以外も状況が分かるようにした。家事育児についても同様に、1日のスケジュールややるべき家事、子どもの持ち物などを確認してタスクリスト化。ママは寝かしつけのみで済む状態を目指した。「育休を取ったことで、これまで見えなかった家事・育児のタスクが見えたこと、全体の流れを把握できて育休後も必要な動きができるようになったことは、大きな収穫だったと思います」

課題

育休期間中の同僚の負担軽減

工夫

1カ月の育休期間を3分割して、業務に比較的余裕がある時期に取得。休暇前には、担当する業務をすべて棚卸しし、一覧表を作成して、進行状況や引き継ぎ先と併せて可視化した。

課題

社内外に育休期間と引き継ぎ先を周知

工夫

社内だけでなく社外の関係者や業者にも育休の期間と引き継ぎ先、連絡先、業務の進行状況を周知・共有。「誰に」「何を」「いつまで」引き継いだのかが分かるようにした。

上司との連携で予定を調整し
妻に自由時間をプレゼント

DATA

包装事業部
今井涼介さん

薬剤師の資格を生かし、医療・医薬系の新規事業を担当。里帰り出産をした妻の帰宅に合わせ育休を取得。

育休取得期間

休日を含めて
9日間

新 年度を迎えた4月の面談で上司に「7月に子どもが生まれる予定です」と報告したところ、育休の取得を勧められたという今井さん。周囲への影響が少なくて済むように取得時期を上司と相談し、仕事が落ち着く9月に取ることを決断。「自分の場合は基本的に個人で業務を担当しているため、育休中の対応を別の人に頼むのは難しいことが懸念事項でした。そこで、社内のグループウェアのスケジュール管理ツールに育休の予定を登録するなど、予定を『見える化』することに。育休取得を早めに周知したことで、会議や出張の予定を前後に分散できました」と今井さんは振り返る。上司との連携を密に取り、育休前後の会議には上司にも参加してもらってフォローをお願いしたこともあり、育休中の仕事に支障はなかったという。

子どもが生まれてからは、里帰り出産をした妻のもとへ週末ごとに通い、おむつ替えの仕方などを練習。妻が自宅に戻るタイミングで育休を取得し、育休後半には一人だけで丸1日の育児に挑戦した。「里帰り中からずっと頑張っていた妻に、1日だけでも自由な時間をプレゼントしたくて。妻が『リフレッシュできた』と笑顔で帰ってきてくれてうれしかったですね」と今井さん。育休を経験したことで、担当している医薬品のパッケージに関して「子どもを抱っこしながらでも開けやすいものに」といった生活者目線からの提案ができるようになった。

課 題

一人担当の業務が多く
代わりを頼める人がいない

工 夫

上司との連携を密にし、仕事が落ち着く時期に育休を取れるよう、年度初めに取得時期を相談。育休前後の社外とのオンライン会議には上司にも同席してもらい、フォローを依頼した。

課 題

社内外の会議や出張の
予定調整がうまくできるか

工 夫

育休取得を決めた時点で社内グループウェアに育休予定を登録。予定を早くから「見える化」することで社内の会議は育休の前後に分散してもらい、社外との予定調整もしやすくなった。

パパの取得事例 パナソニック　コネクティッドソリューションズ社

新部署に慣れて繁忙期に入る前 子どもが10カ月の時期に取得

DATA

カンパニー本社経理部海外
ソリューション経理課主幹
荒川亮太さん

誕生時は米国赴任中。帰国後、子が生後10カ月の2020年10月に1週間、11月に1週間の2回に分けて取得

育休取得期間

休日を含めて
2週間

　米国赴任中の2019年12月に第1子が誕生し、帰国したら育休を取りたいと思っていた経理部の荒川亮太さん。翌年4月に帰国後、「育休はもちろん取るよね」といった上司の声かけもあり、7月には「10月に取る」と大体の時期を決定した。荒川さんの工夫は、早めに上司に相談したことと、繁忙期を避けたこと。「タイミングは自分で考えました。経理部には1年の中で忙しさの山と谷があり、1カ月の中でも山と谷があるため、そこを避けました。着任半年で仕事に慣れた頃、繁忙期の前に2回に分けました。」

　具体的な日程は取得1カ月以上前の9月上旬に決定。すぐに社内共有のスケジュール表に記載して周知に努めた。普段は3人のチームで働いている荒川さん。不在の間は、ほかの2人が業務をカバーした。「職場では普段から業務の効率化に取り組み、ＲＰＡ（ロボティック・プロセス・オートメーション）を活用するほか、できる限り業務を属人化させず、みんなで分担できるようにしてきました。育休取得の推進には、そうした組織全体の姿勢が大切だと実感しています」

　育休取得中は、妻が病院や美容院に行っている間に、子どもと2人で留守番したことも。「普段からオムツ替えやお風呂、寝かしつけなどに関わっていますが、1対1でずっと目が離せないという、妻の大変さが分かりました。子どもともっと一緒に過ごしたいという気持ちが強くなりました」

課題	課題
新しい職場に異動 いつ取得するか	**どう周知するか 不在の間の仕事は？**

工夫

子の誕生後に現部署へ異動。仕事の状況と子どもの月齢の両方を鑑みて、自身が職場に慣れた着任半年後で、次の繁忙期が来る前、かつ子どもの離乳食が本格化した生後10カ月の時期に決めた。

工夫

社内への周知は早めを心がけた。取得日より約1カ月以上前には日程を決定、社内共有している予定表に記入し、会議などは前倒し。周知したことがほかの社員との雑談のきっかけにもなった。

55

約1カ月の「産休」取得したパパ
「育児は夫婦二人でするもの」

DATA

名古屋支社・
営業職
西岡尚輝さん

2018年、妻の出産直後から、男性育休制度のトライアル運用である、同社独自の「妻出産休暇」を連続で17日取得。

育休取得期間
休日を含めて
約1カ月間

同社には独自の「妻出産休暇」（86ページで紹介）がある。「子どもが生まれる前から育児は夫婦二人でするものだという認識がお互いにあった」という名古屋支社に勤務する営業職の西岡尚輝さんは、2018年、妻の出産直後から「妻出産休暇」をちゅうちょなく、連続で17日取得。休日を含めて約1カ月間、育児に携わった。

「妻と同じレベルから育児生活のスタートが切れたので、育児で私が担当できることも多く、妻と分担して子育てしてきました。出産直後でなく、時間がたってから育休を取っていたら、妻のほうが既に育児スキルが高い状態になってしまっていたと思います。夫婦で頼り頼られという関係性を築くことができたのもよかったですね」と振り返る。

会社を約1カ月間不在にすることに対する不安はなかったが、引き継ぎは思っていた以上に大変で、資料を作るのにも時間がかかったという。「そのように仕事を棚卸しする機会はめったにありません。しかもそれを上司に確認してもらうことで仕事へのアドバイスを得ることができ、自身の業務プロセスを見直すことができたのは、思わぬ副産物でした」と振り返る。「妻出産休暇」から復帰後、営業成績も伸びた。「休暇の取得によって仕事にもいい影響が出るとは、子どもに助けられたようなものですね」

課題

育休取得期間の
業務の引き継ぎ

工夫

資料を作成して、引き継ぎを行った。大変だったが上司に確認してもらうことで、仕事へのアドバイスを得ることができ、結果的に自身の業務プロセスを見直すことにつながった。

課題

休暇中に仕事のスキルが
落ちるのではという不安

工夫

育休前に業務効率化を見直したことで、復帰後は同じ時間内で多くの案件をさばき、今までの目標数値を達成できるように。休暇の取得で仕事にも好影響が出た。

育休取ったらどうなった？

実際に育休を取得したパパたちは、育休を通してどのような経験を得て、どんな心境の変化があったのでしょうか。

一部の特別な"スーパーイクメン"ではない、普通のパパたちが育休でどう過ごし、どんな経験を得たのかを紹介します。

CASE 1 ……… ITベンチャーパパ

妻の里帰り出産の間、1カ月を長女と生活

藤田 理さん

DATA

● 会社員（ITベンチャー勤務）
● 家族構成：妻（第2子誕生の1年半前まで
　フルタイムの会社員。それ以降は主婦）、
　長女（5歳）、次女（2カ月）

(育休取得期間) 次女の誕生から1カ月

※年齢は掲載当時

妻が第2子を妊娠して仕事を辞めたタイミングで5歳の長女は保育園から幼稚園に転園。「この頃、実家に長女を預けて妻と二人で食事をする機会を作りました。2人目が生まれて忙しくなる前に『人生の棚卸し』という

か、夫婦ともに今後やりたいことや育休のこと、家庭の運営の仕方などを改めて話し合っておきたかったんです」。そのときに妻から打診されたのが「パパの育休取得」でした。

　妻の提案に少し驚きつつも前向きに検討することに。「知人から、2人目が生まれたときにかかる労力は2倍どころではなく3倍という話を聞いていました。さらに、妻は里帰り出産をしたいと言っていたのです。そうなると出産のタイミングから考えて、長女が幼稚園のお遊戯会にきちんと参加できないかもしれません。長女はお遊戯会を楽しみにしていたので、それは避けたいと思いました」

育休を取得して
長女のフォローに徹する

　上司や同僚などに打診したところ、快諾。「出産の半年前に相談し始めたのも良かったと思いますが、本当に誰にも反対されなかったですね。多様な働き方に対応する、ベンチャー企業なら

ではの柔軟性も大きかったと思います。チームメンバーに続いて労務の担当者にも相談したところ『1カ月間なら有給を使う形にしてはどうか』と提案してくれました」。労務の勧めに従い、第2子出産後の約1カ月、妻が里帰りしている間は藤田さんが有給を取ることにしました。

1カ月間で、藤田さんと長女の関係も変わったといいます。「一緒にいる時間が長くなると、互いに話す内容が変わってくるんですよね。以前は親子なのに業務連絡的なやり取りが多かったんですけど、だんだん雑談も増えました。すると長女が僕の趣味とか好きなものとか、僕自身のことをより理解してくれるようになりました。僕はもともとあまり娘を子ども扱いするタイプではなかったんですが、育休を経て、子どもも対等な家族の一員という感じがいっそう強まりました」

育休取ったらこうなった1

長女との
相互理解が深まった

「長女との会話が増え、自分の趣味や好きなものなどをより理解してくれるようになりました」

育休取ったらこうなった2

家事が永続的に
続くことにゾッとし、
その大変さを改めて理解した

「はっきりした成果も見えにくいのに、休みなく押し寄せてくる……家事の大変さを理解しました」

育休取ったらこうなった3

育休や育児について
きちんと話せるようになった

「実体験を語れるようになったので、後輩や自分の子どもたちにも感じたことを伝えていきたい」

CASE 2 ……… 新薬開発パパ
自治会長になり、地元を子育てしやすい街に

田形勇輔さん

DATA

● 製薬会社の研究開発職
● 家族構成：妻（フルタイムの会社員）、長女（4歳）

（育休取得期間）長女の誕生直後に2週間と、1歳8カ月時に1カ月

※年齢は掲載当時

製薬会社の研究開発部門に勤める田形勇輔さん。妻の妊娠を知ったときには「人生経験になりそうだし、取ってみるか」と、前向きに育休の取得を決めたそうです。

会社でも特に反対されることなく、すんなりと育休への道筋ができました。「ただ、先輩の男性社員たちからの反応にはちょっと引っかかりを覚えましたね」と田形さんは振り返ります。「『（男性が）育休取って何するの？』とか『リフレッシュしてきてね』と言われたんです。育休は自分が休むための制度じゃないのに」。メディアで男性の育休取得が取り上げられる機会は増えつつあったものの「企業の現場では、男性育休に対しての理解はまだまだ低いんだなと感じました」

出産予定日の３週間前出産 NICUに入院

妻が検査のために病院に行ったところ、陣痛が発生。出産予定日３週間前に出産となり、子どもは新生児特定集中治療室（NICU）に入院しました。この時点で田形さんは育休を取得、出産直後で体力的に弱った妻を支えるべく、妻の病室に寝泊まりしました。病院では子どもへの３時間おきの授乳に加え、身の回りの世話や妻のケアなど、休む暇は一切ありません。それでも、２週間もたつと子どもは順調に発育し、2300gを超えて無事に退院することができました。

２度目の育休で 地域にコミット

娘が１歳になり、妻が育休から職場復帰した後に田形さんは２度目の育休を取得しました。「自宅で家事と育児を両立する育休も経験してみようと考えたんです」。平日も日中子連れで公園に行ったり、住んでいる地域を出歩いたりするのに伴って、心境の変化があったそうです。「自分もこの地域での子育てを楽しみたい、子育てのしやすい地域にしたいと。そのためにはどうしたらいいのかを考えるようになりました」

アウトドア派の田形さんは保育園のパパ友や

ママ友を誘ってバーベキューを開催。そのうち、自治会から「自治会の夏祭りでバーベキューを実施して、地域の人を楽しませてほしい」と声がかかるようになりました。さらに積極的に取り組もうとしていた頃、自治会長にならないかと誘いを受けたのです。

「自分が自治会の会長になれば、娘が育つこの地域をもっともっといい場所にできると思いました。こんな若い世代に任せてくれたのですから、気合も入りました」

田形さんが目指すのは、今の時代に合った新しい自治会の在り方を探ること。「自分が楽しめるだけでなく、子どもたちが育っていくこの地域をよりすてきな場所にしていきたいです」

育休取ったらこうなった１

子育ては妻との共同作業。 一人ではできないと実感

「妻の病室のソファで寝てNICUに行く経験で妻と協力する大切さを実感」

育休取ったらこうなった２

「娘が育つ地元を良くしたい」と 考えるようになった

「今自分が住んでいるこの場所が、娘のふるさとになるんだと考えるようになりました」

育休取ったらこうなった３

まさかの自治会長に 推薦された

「街への貢献が楽しくなるタウンマネジメントを目指しています」

育休から復帰しても育児は続く 保育園パパのお迎え DAYS

育休が終わったら、今度は育児と仕事を両立させる上での課題が待ち受けています。夫婦で保育園の送迎を分担し、毎日夕方までに仕事をなんとか終わらせて走っているパパもいます。タイムマネジメントやタスク管理にどのように取り組み、周囲の理解を得るためにどんな工夫をしているのでしょうか。3人のパパの事例を紹介します。

CASE 1 ⋯⋯⋯ 経営企画パパ
短時間で成果出す難しさを実感

安田則之さん

DATA
- OWNDAYS（オンデーズ）勤務
- 子どもは5歳
- 保育園送りは毎日
- お迎えは毎日
- 月平均残業時間：12時間

毎日息子の保育園のお迎えを担当し、残業は週1回程度に抑え、家族との時間を過ごしている安田さん。外資系金融やスタートアップ企業を経て、現在は眼鏡メーカーの経営企画室で経営会議や取締役会の運営、予算作成・管理、部署横断的なプロジェクトなどを担当しています。「週に1回は20時過ぎまで働き、残業は月に12時間くらいです。同じ部署に5人の同僚がいますが、22時頃まで働いていることもあります。しかも皆とても生産性が高くて優秀。短い時間で彼らと同じレベルの成果を出すのがなかなか難しく、もどかしさを感じています。帰る間際に緊急の案件が発生することがあります。そんなとき、僕はお迎えを優先させてもらい、子どもが寝た後の22時以降か、起きる前の

朝5時くらいから対応します。22時まで待てない案件は、僕ができない分をほかのメンバーがフォローしてくれています。子育てを言い訳にはしたくないし、もっと結果を出せるようになりたい、という葛藤はいつも感じています」

周囲よりも短い時間で成果を出すため、いかに集中して仕事に取り組めるか。安田さんの課題と解決策は下のとおりです。

「実は、子どもが生まれた頃、僕は外資系金融企業に勤めていて、残業ばかりでほとんど育児ができていなかったんです。当時の職場に男性育休制度があったかどうかも記憶にない。『産後の恨みは一生もの』といいますが、本当に妻に悪かったなと思っています。その後転職しました。夕食後に息子と一緒に過ごす時間が増えたことで距離が近くなっていると感じます。子どもはものすごいスピードで成長するので、自分はどこまで成長してるのかなと、ふと振り返ったりもしますね」

安田さんのある一日のスケジュール

5:30	起床 自分の時間を過ごす （読書、仕事、SNS更新）
7:00	子どもを起こす、 朝食、身支度
8:00	保育園へ出発
9:00	出社
18:00	退社
18:30	保育園へお迎え、 帰宅後に夕食の準備 （週2回）
19:00	夕食
19:30	子どもと遊ぶ
20:30	入浴
22:00	子どもが就寝、 夫婦の時間
23:00	就寝

保育園にお迎えに行くためのMY働き方改革

「自分の本質的な業務は『課題の発見・解決』。そこに時間と力を注げるようにするために、日々の業務の省力化を意識しています」

課題 1	課題 2	課題 3
メールやチャットで作業が中断することがある	ルーティン作業を効率化したい	多岐にわたる作業を滞りなく進行させたい
∨	∨	∨
工夫	工夫	工夫
「自分とのアポ」で作業効率アップ	テンプレート化でヌケ・モレを防ぐ	アプリ「Asana」で週次・月次のタスク管理
1〜2時間を「自分とのアポ」の時間と決めて、社内外からの連絡ツールは一切見ずに作業に集中する。	経営会議や取締役会の事務局作業はルーティン業務。ワークフローをテンプレートに落とし込み、ヌケ・モレなく作業できるように。	タスクを滞りなく進めるためAsanaでタスク管理。リマインダーを「期限の1日前」に設定して、やり忘れを防止。

CASE 2 ······ 長時間職場パパ

会議・資料・メール短縮で定時退社

北川陽介さん（仮名・40歳）

● IT企業勤務
● 長男8歳・次男5歳
● 保育園送り・迎えともにほぼ毎日
● 月残業時間：0時間

DATA

※年齢は掲載当時

IT企業の法人営業部門で人事・総括の仕事をしている北川陽介さん（仮名）。社労士事務所で働く妻と共に、8歳と5歳の息子を育てており、次男の保育園の送り迎えを、ほぼ毎日担当しています。職場ではフレックス制度が導入されているとはいえ、まだまだ「長時間労働が当たり前」。

「長男が生まれた当時は朝の送りだけを担当していましたが、職場にフレックス制度が導入されたことに伴い夕方のお迎えも担当するようになりました。今は7時30分に次男を保育園に預け、8時30分から17時まで勤務。ほぼ毎日17時45分には保育園に迎えに行っています。勤め先では働き方改革が進められていますが、現実にはまだ長時間労働をしている人が多いです。

Work Style	・次男の保育園のお迎えがあるため、8：30〜17：00の勤務時間です
	・じっくり考えて行動するよりも、スピード重視でまずはやってみることを好みます
Communication Style	・face-to-faceを重視しますが、まずはチャットやメールで事前に情報共有を好みます（F2F > チャット > メール>電話）
	・上司部下関係は、形式ばったコミュニケーションよりも、フランクな雑談を好みます
Life Values	・家族イベントおよび子供最優先。熱が出たなどの、息子たちの緊急連絡先の優先順位一番が、私になっています
	・キャリアコンサルティング資格をもっており、公私において活用したいです

北川さんが作成したシート（一部を抜粋）

自分のワークスタイルをシート化して提示

職場では業務の一環として「心理的安全性（サイコロジカルセーフティー）」を高めることを意識。「心理的安全性」とは、「自分らしくいられることの安心感」のこと。

「組織としてイノベーションを起こすには、お互いに批判しない、傷つけない環境を作ることが大切。その意味でも、まずは自分が何を優先させたいのかを、ワークスタイル、コミュニケーション、ライフの3つの観点からシートに書き出して、上司や同僚と共有しています」

そんななかで定時退社するため、毎日とにかく時間がありません。正直、残業して仕事だけしていたほうがラクかもしれない。仕事で結果が出せないにしても、『こんなに残業して、頑張っても成果が出なかった』と言えるほうが周囲からの理解も得られやすいですよね。僕は残業をしないから給料も減っています。それでも子どもと過ごす時間を大切にしたいから、自分自身で働き方改革を進めています」(下で紹介)

「毎日に余裕がなく、つらい、大変だと思うことは多々あります。そんな僕を支えてくれるのは、やはり家族の存在です。保育園に迎えに行くと、『パパ!』と笑顔で足にしがみついてきたり、帰り道に何があったのか話し合ったり。子どもの成長を目の当たりにできる喜びは何にも勝ります。時々、頑張って迎えに行っているのに『ママがいい』と言われて落ち込むこともありますけどね」

北川さんのある一日のスケジュール

6:30	起床
7:00	子どもたち起床
7:30	次男チーム(北川さん・次男)保育園へ
8:00	長男チーム(妻・長男)出発
8:30	出社
16:30	長男が学童から帰宅
17:00	北川さん・妻が退社
17:30	妻が夕食の準備
17:45	北川さんが次男のお迎え
18:00	夕食・お風呂
20:00	自由時間(近所へ買い物や図書館へ行くことも)
21:00	洗濯物を干す
21:30	絵本の読み聞かせ
22:00	子どもたち就寝
23:00	就寝

保育園にお迎えに行くためのMY働き方改革

「意識しているのは、『会議』『資料』『コミュニケーション』の短縮。仕事の大半はこの3つに分類され、それぞれ2分の1にすればトータルで仕事時間を短縮できます」

課題1	課題2	課題3
定時までに仕事が終わらない	夕方になってからも割り込み仕事が発生する	「子育てを優先したい」気持ちを理解してもらいたい
工夫	工夫	工夫
会議、資料、コミュニケーションの3つを削減	スケジューラーに「帰宅」などと入れてブロック	「ワークスタイルシート」で心理的安全性を確保
会議は自分が率先してセッティング、前倒しで準備を進めておく。資料はテキスト打ちか手書き。メールは簡潔さを意識。	17時以降には「帰宅」と予定を入れて帰ることを「宣言」。自分が会議を設定するときは16時30分までに終わるようにセット。	62ページのシートで自分のスタンスを明文化し、上司に説明して理解してもらった。お互いの認識が大事。

部下の状況も家庭もエクセルで見える化

井上誠也さん（仮名・38歳）

DATA

- 大手資産運用会社勤務
- 長女4歳・次女1歳3ヵ月
- 保育園送りは週3〜5回・迎えは週1〜2回
- 月残業時間：5時間程度
- 部下の人数　18人（派遣社員5人含む）

※年齢は掲載当時

井上誠也さん（仮名）は、国内大手の資産運用会社に勤務する管理職です。ほとんど残業をせずに、チームのパフォーマンスを最大化し、プロジェクトを成功に導いてきました。「ここに至るまでには失敗もありました。妻が次女を妊娠中のとき、私は仕事が忙しく帰宅するのは連日22時ごろでした。育児負担は妻に偏り、不満がたまっていた妻から、『このまま下の子が生まれるのは不安』と言われました。妻への甘えがあったことに気づくと同時に『このままでは家庭が守れない』と本気で自分が変わる必要性を認識しました。実は会社からマネジャーへの昇進を打診されていたのですが、それを断り1時間の時短勤務を取得することにしました」

井上さんが実践する効率化4大テク

テク **1** ｜ 会議や作業時間は30分または45分単位で管理

最初から1時間を単位と考えると集中力も持たずパフォーマンスが落ちてしまいます。それよりも30分を1単位、または時間をかけたい作業でも45分を1単位とし、やりこぼしがあった場合残りの15分をあて1時間以内に作業を収めるほうが、格段にパフォーマンスが上がります。

テク **2** ｜ 作業の際にはスマホのアラートを活用

30分または45分ごとにスマホのアラートを使っています。区切りの悪い時間から作業を始めた場合は、時間の感覚がつかみにくくなるため、特に有効。

テク **3** ｜ 作業時間はスケジューラーに登録して確保

社内で共有しているスケジューラーが空欄だと、あっという間に会議などを入れられてしまい、自分の作業は残業時間に持ち越すことになります。あらかじめ自分の作業時間を入力しておくことで、他の仕事が入るのをブロック。

テク **4** ｜ ミーティングでは作業範囲とゴール設定を確認

ミーティングの際は最初にゴールを設定する。最短距離でゴールにたどり着くように誘導する。

「内心怖さはありました。会社は時短勤務に反対はしないけれど、昇進まで断って自分は本当に大丈夫なのだろうかと。決断できたのは、『人生のベースは家族』という自分の中でのブレない価値観があったためです。フレックス制度を導入していましたが、残業をブロックするため時短にしました」

妻が次女の産休に入る頃にはフルタイムに復帰。再度昇進の話があり、マネジャーを務めている。「昇進後も私自身の残業は月5時間程度に抑え、18時には退社しています。自分の人生のポートフォリオを作るとしたら、8割は家族で、その軸足は夫婦にあると思っています。とはいえ、早く帰ることで部下をモヤモヤさせない配慮や、上司に文句を言わせないための鎧として、仕事の質を維持しなくてはいけないプレッシャーを抱えて仕事をしているのが現実です」

井上さんのある一日のスケジュール

7:00	起床
7:30	朝食と子どもの朝の支度
9:00	家を出る。子どもと保育園へ
9:40	仕事開始
17:00	仕事終了
17:30	お迎え
18:00	帰宅、夕食とお風呂
20:00	歯磨きや着替えなどの寝かしつけ準備
21:30	寝かしつけ
22:00	翌日の準備&フリータイム（妻と会話、録画していた番組を見る、仕事以外の作業など）
24:00	就寝

保育園にお迎えに行くためのMY働き方改革

マネジャー昇進後も残業は月5時間程度に抑え18時には退社。時短勤務で「残業できる」という甘えが許されない環境に身を置いたことで、時間単位の効率性が格段に向上した。

課題1 ∨ 18時までに仕事を終えたい

 工夫 効率化4大テクをフル活用

部下をモヤモヤさせない配慮として、また上司に対して文句を言わせないための鎧として、仕事の質を維持するために左の「効率化4大テク」を実践

課題2 ∨ チーム全体のパフォーマンスを最大化したい

工夫 作業の導入過程で4つのステップを徹底

「(1) その仕事が本当に必要か確認」「(2) 作業量を見積もる」「(3) スケジュールに無理がないかを判断」「(4) 誰をアサインするのが最適かを考える」を徹底。

課題3 ∨ 管理職が早く帰ると部下は不安

工夫 エクセルの「メンバーシート」で部下をケア

適切なタイミングで声かけができるようエクセル上で準備。「メンバーシート」を作り、各メンバーの今の状況や抱えている業務などをまとめている。

課題4 ∨ ストレスなくハッピーな家庭生活を実現したい

工夫 エクセルの「子育てシート」で家庭内ルールを可視化

家庭でもエクセル管理方法を実施。子育ての基本方針などをエクセルに書き込み、育児方針が夫婦の間でブレたり、悩んだりしたときには、見直すことにしている。

第4章

トップダウンで進め、イクボスを育成
すべての人が働きやすい環境づくりがポイント

男性育休率が高い
先進企業
取り組み紹介

日本の男性育休取得率は7.48%ですが、
一方で男性育休取得率が高く、
中には100%を超えている企業もあります。
そうした企業は、男性育休取得率の向上のために
どのような施策を打ち出したのでしょうか。
先進企業10社の取り組みについて紹介します。

あずさ監査法人

働き方改革が「土壌」に
拡大した配偶者等出産休暇制度
法定育休の取得率は2年で急上昇

「旗」を振って取得率を上げるのではなく、取りたい人の希望に応えるという形で推進している」と同社のダイバーシティ推進室長・川端美穂さん。子が誕生した職員に上司が働きかけるといった直接的な施策は取っていない。にもかかわらず、男性育休取得率はぐんと伸びている。その期間に子どもが生まれた男性社員を分母として、法定育休を1日以上取得した取得率は2018年期（2017年7月～2018年6月）の1.9%から、2020年期は10%、さらに2021年上期6カ月は26.9%にまでアップ。独自制度である配偶者出産休暇制度の取得者も合わせると2018年の39.7%から、2021年上期6カ月は77.8%にまで上がった。

取得率アップは目指さず
取りたい人の希望に応える

2017年9月から始まった同社の働き方改革が男性育休取得推進を支える土壌になっている。長時間労働を削減するため、夜間や週末の社内システムへのアクセスを禁じ、限られた時間内で働くという業務改革を行った。並行して「ワークもライフも楽しもう」というカルチャー変革のトップメッセージも発信して、職員の意識改革にも取り組んだ。

働き方改革に続いて、男性育休100%宣言も採択。数値を上げるために社員に取得を働きかけることはしないものの、男性育休取得推進に組織として取り組んでいることを示すため、社内報や社外向けの文書などで、育休取得者を大きく取り上げて紹介。アンコンシャス・バイアス研修を通じて、「育児などで時間的制約があるのは女性の人材だけに限らない」ことを繰り返し伝えた。

2020年7月から、配偶者等出産休暇の取得日数を3日→5日に拡大、また取得可能な期間も「出産日から1週間以内」→「出産予定日の1カ月前～産後6カ月まで」に拡大。子の誕生時のほか、子を自宅に迎える日、出生届を出す日、1カ月健診の付き添いなど使用シーンをイメージできる文言も添えて社員に周知した。

「監査法人は、複数のプロジェクトを同時進行で抱えて働くケースが一般的です。従来から生産性を重視していましたが、働き方改革を経て、業務の効率化やワークライフバランスに対する意識がさらに高まっていた。その土壌があったおかげで取得率が上がったのではないかなと考えています」（川端さん）

長時間労働の削減
「職員からも選ばれる」
働きやすい組織を目指す

BEFORE

- 自立志向が強く、働き方は自由に選ぶという社風。その半面、長時間労働になりがちだった

- ワークとライフのバランスが崩れている職員もいた

AFTER

- 夜間や週末は原則勤務しない。効率的に働き「ライフ」も重視できる職場に

- 法定育休を1日以上取得した男性育休取得率は2018年期の1.9%→2020年期は10%まで上昇

何をしたか？

長時間労働の削減へ
システムのアクセスを制限

長時間労働を減らすため、以前は24時間利用できた社内システムを平日21時（水曜は20時）〜朝7時、土日休日はすべてアクセスできないように環境から変えた。

「The Clear Choice」の
意識を社員に浸透させる

クライアントから「常に選ばれる存在」を目指すのみならず、「組織員からも選ばれる」働きやすい組織を目指す基本理念「ザ・クリアチョイス」を周知した。

「配偶者等出産休暇制度」の
日数と取得可能期間を拡大

2020年7月から独自制度である配偶者等出産休暇の取得可能な日数を3日から5日に、取得可能な期間を出産予定日の1カ月前〜産後6カ月まで拡大した。

社内外に向けた媒体で
育休取得者を取り上げる

組織として男性育休推進を後押ししていることを社内外に周知するため、社内報や社外への文書などで男性育休取得者の実例を大きく紹介した。

スープストックトーキョー

「働き方開拓」で全員の休日増を実現 社長が1カ月の育休を取得したことが 男性育休のモデルケースに

「世の中の体温をあげる」を企業理念に掲げ、駅構内やショッピングモールなどを中心に、食べるスープの専門店を展開しているスープストックトーキョー。顧客の心身を温めるサービスを提供するには、働いている社員やパートナー（パートタイム従業員）自身が心に余裕を持てる働き方をすることが重要だという考えのもと、「働き方改革」ならぬ「働き方開拓」と名付けた制度改革を進めてきた。

飲食業でも暦通りの 年間120日の休日・休暇を可能に

働き方に関しては、土日祝日も店舗が営業しているため、暦通りの年間120日の休みが確保できないことが課題だった。そこで、月8日だった公休を1日増やして月9日とし、それまで年6日だった「季節休暇」を「生活価値拡充休暇」として年12日に倍増。社員が気兼ねなく休めるようにするため、休暇を取った人の代替要員を務める専門チームとして、店長経験者らを集めた「拡充隊」を編成した。ベテラン社員がヘルプに入ることで、店長クラスの社員も安心して休暇を取れるようになったという。また、複業を認める「ピボットワーク制度」、育児や介護のほ

かに就学や自己研さんといった目的でも1日6〜8時間の中から30分刻みで勤務時間を選択できる「セレクト勤務制度」など、多様な働き方を可能にする施策も充実させている。

社長が育休を取得したことを WEB社内報で全社に発信

同社では、産休・育休制度を活用して出産後も働き続ける女性は多かったものの、以前は「男性は育休を取らないもの」というのが暗黙の了解になっていた。その事態の改善に向け、誰もが仕事と生活を楽しめるようにするべく、2017年に「イクボス企業同盟」に加入。2018年には社長の松尾真継さんが1カ月の育休を取得し、育休中の様子をWEB社内報で報告した。

社長自らが1カ月というまとまった期間の育休を取得したことが男性育休のモデルケースとなり、その後、部長職の男性が第1子の誕生時に1カ月、第2子の誕生時に半年の育休を取得。別の男性社員は育休中の経験をもとに、仕事復帰後に社内で離乳食開発プロジェクトを提案し、商品化を実現させた。今後は店舗勤務の男性社員も育休を取りやすくなるように、さらなる環境整備を進めていく考えだ。

年120日まで休日・休暇を増加
全従業員が休みを取りやすくした上で
社長が育休を取得してモデルケースに

BEFORE

- 暦通りの年間120日の休日・休暇が取れない状況に対し、「飲食業だから仕方がない」と諦める雰囲気があった

- 男性が取得するケースはなかった

AFTER

- シフト勤務制の出勤である飲食業でも、年間120日の休日・休暇が取れるようになった

- 2017年から2020年までに子どもが生まれた男性社員6名のうち4名が育休を取得した

何をしたか

年間12日の「生活価値拡充休暇」

年間120日の休みが取れるように、月8日だった公休を1日増やして月9日に。年6日だった季節休暇を「生活価値拡充休暇」に改めて年12日に倍増した。

イクボス企業同盟に加盟

2017年に「イクボス企業同盟」に加盟。社員のワークライフバランスを重視し、働くママ・パパを会社として支援していく姿勢を明確に打ち出した。

社長自らが1カ月の育休を取得

2018年4月から5月にかけて、社長が第2子の誕生に合わせて1カ月の育休を取得。「男性でもまとまった期間の育休を取れる」ことを示すモデルケースに。

WEB社内報で育休の制度・取得事例を紹介

全従業員が閲覧できるWEB社内報で、男性社員向けに育休を取得した場合の給与などの制度を解説。社長が1カ月の育休をどう過ごしたかの報告も共有した。

積水ハウス

[
社長のトップダウンで
男性育休「1カ月完全取得」宣言
生産性向上にもつながった
]

同社は対象の男性社員が1カ月以上の育休を取得することを目指し、2018年9月に「イクメン休業」制度を導入、現在は対象社員すべてが取得している。同社の男性育休取得率は以前から高い水準で、導入前でも94.6%だった。しかし、課題は取得日数にあった。期間が2〜3日にとどまっており「普段の休日とあまり変わらない」という声もあったのだ。

「1カ月」「完全」と宣言したのは、同社の仲井嘉浩社長の体験が基になっている。仲井社長がIR活動でスウェーデンを訪問した際、平日の日中にベビーカーを押して育児をしている多くが父親だったのだ。父親が子どもとゆっくり過ごし、その成長を見守る。そんな時間こそ、家族の本当の幸せを育むのではないか。同社は住まいづくりを通して客に幸せを提供することをなりわいとしている。そのためには、まず社員の家族が一番幸せな場所でなければならない。育児が最も大変な乳幼児期に、夫婦で子育ての楽しみや辛さを共有することで、家族のきずなが深まるのではないか。それには男性が育児にコミットすることが必要なのでは、と仲井社長は考えた。

こうして始まったのが、「男性社員1カ月以上の育児休業完全取得」。社内通知とほぼ同時に社外に発表したため、ニュースを見て驚いた社員もいたという。育休取得に際しては、自分の業務を棚卸しし、上長と相談して業務の引き継ぎなどを決めて、取得計画書を作成提出するルールを定め、2018年に制度の運用を開始した。育休対象の男性社員には、配偶者や家族に宛てたダイバーシティ推進部長名の手紙を渡し、男性育休制度の意図を説明。同時に「家族ミーティングシート」という同社独自の書類では、どのようなパターンで育休を取得するかや、育休中の夫の役割を解説。取得計画書には妻がサインをするスペースもある。

取得後は残業減の社員も
部下が成長し、生産性も上がる

だれが、いつ育休に入ってもいいという仕組み作りで、社内の効率化が進み、働き方の見直しにもつながった。管理職が育休を取る場合、自分が抱えている仕事を部下に任せることで部下が成長する。こうした働き方の見直しが、職場全体の生産性を上げることにもつながった。

「家族ミーティングシート」を用意
「会社から配偶者に手紙」
など家族にもアプローチ

BEFORE

- 男性育休取得率は90%を超えるが、取得日数が2〜3日と少ない

- 育児が一番大変な乳幼児期に、夫婦で子育ての楽しみや辛さを共有できていない

AFTER

- 対象者全員が1カ月の完全取得

- イクメンが当たり前の職場風土に

何をしたか

社長が「男性育休1カ月」を宣言した

社内外に向けてトップ自らが「男性社員1カ月以上の育児休業完全取得」を宣言した。

ダイバーシティ推進部から配偶者に手紙を送付

男性社員の配偶者に向けて、「イクメン休業」取得への理解を求める手紙を送付。

「家族ミーティングシート」など書類の整備

パートナーと家事育児分担を話し合うためのシートを配布し、育休取得にあたって夫婦間で話し合いができる仕組みを作った。

分割取得を可能に

休業期間は1カ月間だが、家庭や業務の事情に応じて4分割までできる設計に。自身の業務の状況に応じて柔軟に取得できる仕組みとした。

大成建設

男性比率の高い業界特性を踏まえ 男性の育児支援に注力

仕事と育児・介護の両立や女性の活躍推進にいち早く取り組み、2015年には働き方改革に注力することをトップメッセージとして発信した大成建設。2016年7月から「男性育休取得率100%」を目指している。女性をはじめ多様な人材が活躍する風土の醸成が目的だ。

建設業は男性が多く労働時間も長い傾向にある。全社員の8割以上を男性が占める同社も例外ではない。社員のワークライフバランスを実現するには、男性に自身の働き方を振り返る機会を持たせて意識改革を図るとともに、積極的に育児や介護に参加できる環境を整備することが不可欠として、業界に先駆けたさまざまな施策を導入してきた。

育児休業日数を確保し 給与面のサポートを充実

以前は2%前後だった男性育休取得率は2019年度には100%に。背景には、施策担当者の努力がある。配偶者の出産手続きを取った社員には、育休の制度説明資料や、取得を促す文書を発信するほか、上司から部下への直接の声かけも行うようにしている。

また、2017年度から導入した「育休の一部有給化」も寄与している。若い世代には「男性も子育てに関与するのは当然のこと」という意識が根付きつつあるにもかかわらず、取得率が向上しない背景には、休業中の給与への懸念があると考えた同社では、5日間の取得を有給化。これにより、取得者数だけでなく取得日数も大幅に増加した。2017年度に子どもが生まれた社員の平均取得日数は、暫定値で7.9日（2020年3月31日現在）。2020年度に子どもが生まれた社員の平均取得日数の目標値は14日以上としている。

仕事が忙しく、まとまった休みを取りづらく育休取得をちゅうちょする人もいる。そこで、取得期間を「子どもが2歳になるまで」に拡大。さらに2020年7月からは、有休5日間を3回まで分割して取得できる制度へ改定し、仕事を調整しながら最善のタイミングで取得できるよう制度を改善した。こうした取り組みは風土醸成にもつながり「育休を取得してみたい」という声が増えたという。

制度の拡充以外にも、夫婦で参加できる「両立支援セミナー」や、保活や子育てに関する悩みを対面またはTV会議で育児コンシェルジュに相談できる無料の「保活・子育て相談会」なども実施している。

「父親セミナー」や
男性育休経験者の声を伝え
取得しやすい風土を形成した

BEFORE

- 全社員の8割が男性。子育てを男性もするという意識が希薄

- 男性の育休取得率が低かった

AFTER

- 男性育休取得率が94%を達成

何をしたか

一部有給化した育休を分割取得できるように

5日間の取得は有給。2020年から3回まで分割ができるように。

育休中にもつながりを保ちスムーズな復帰を支援

育休前の個別面談や、育休取得対象者の「保活・子育て相談会」などで機会を継続的に設けるように。

「父親セミナー」の開催

男性がより育児参加しやすい環境の整備を目的として、「父親セミナー」を開催。父親が子育てに関わることの効果や重要性、育休を取得する際のノウハウを学ぶ機会を提供している。

社内で男性育休取得経験者の「パパ通信」を発信

男性の育休取得率の向上を目的に、実際の育休取得者とその上司（イクボス）へのインタビューや、社内の制度・育児関連情報などを掲載した記事を発信。

大日本印刷

トップによるダイバーシティ宣言で「男性育休100%」を目標に両立支援セミナーをプレ親向けに拡充

大日本印刷（DNP）は、「第三の創業」の実現を目指し、そのために不可欠な経営課題としてダイバーシティ推進に取り組んでいる。2020年7月にはトップコミットメントとして「ダイバーシティ宣言」を出し、基本方針の一つである「多様な働き方の実現（働き方の変革）」に関連して、「男性育休100%」を目標に掲げた。

育休は2歳になるまで取得可能
初めの5日間は有給に

育休に関しては、毎年付与される有給休暇とは別に、5日間まで有給としているため、通常の有休を減らすことなく休みを取ることができる。また、同社では法定の制度に加え、子が2歳になるまでの期間内であれば育休の取得が可能。「もうすぐ子どもが生まれる」というプレパパのみならず、「妻の里帰り出産後、夫婦二人で育児を始める時期」や「妻が職場に復帰するタイミング」など、家庭の事情に合わせて取得できる。

また、ダイバーシティ推進の施策の一つとなっていることで、「昨年、子どもが生まれたが育休を取っていない」という1歳児のパパにも上長からの声かけなどで職場に気兼ねなく休暇を取得できる雰囲気を作っている。取得を促進す

るためには、上司がキーマンとなる。部門単位の取り組みで、「男性育休100%」のねらいについて、管理職全員に説明会を開催したり、プレパパに対してダイバーシティ担当者で四者面談を実施し、施策の意図や制度を説明。育児に関しての家族との対話状況や、育休中の仕事の課題等を確認し、安心して育休に入れるようにしている。

年1回の「仕事と育児の両立支援セミナー（カンガルーの会）」は、同社グループの社員に限らず、パートナーとともに参加できるのが特色。参加家族同士のワークなどを通じて、パートナーとお互いの今後のキャリアを考え、家庭内の役割分担について話し合う機会を提供している。2020年度から出産を1年以内に予定しているプレパパ・プレママを対象としたセミナーも追加し、出産前・出産後それぞれの状況に応じた講演を選択して受講できるようにした。

同社の男性育休取得率は、2019年度の時点で55.5%。社内イントラでは男性社員の育休中の体験談も数多く公開され、それを見て育休取得を前向きに考えるプレパパも多いという。男性が育休を取りやすい風土を着実に根付かせつつある。

男性も安心して取得できるように
育休の一部有給化や取得前面談を実施
プレパパ・ママ向けのセミナーも

BEFORE

- 男性が育休を取得するケースは少なく、取りにくい雰囲気があった

- 育休から復帰する人のための両立支援策は手厚かったが、プレパパ・プレママ向けの情報提供が少なかった

AFTER

- 男性育休取得率は55.5%（2019年度）まで上昇した

- 男性が育休中に得る気づきは仕事にもプラスになることを多くの社員が認識し、社内に男性の育休取得を後押しする雰囲気ができた

何をしたか？

（全社共通施策）

育休の初めの5日間は有給にする施策を継続

育休取得により収入が減ることに対する不安を軽減するため、育休の初めの5日間は有給に。通常の有給休暇を消化せずとも、有給で休めるようにした。

パートナーも参加可能な両立支援セミナー

パートナーと参加して、互いのキャリアや家庭内の役割を話し合う「仕事と育児の両立支援セミナー」では、プレパパ・プレママ向けの講演も選択受講可能に。

（部内単位の取り組み例）

育休取得前に上長らとのオンライン面談を実施

育休取得の1～2カ月前に、本人・上長・総務・ダイバーシティ事務局担当者の4人で面談を実施。本人の不安を聞き、会社側からのフォローにつなげている。

育休取得者の体験談を社内イントラで公開

育休を取得した男性社員の体験談と写真を社内イントラで公開。育休中の気づきは復帰後の仕事にも役立つことを、多くの社員が認識するようになった。

大和証券グループ

女性だけでなく男性の働き方も変えよう 全社19時前退社ルールで 職場風土が一新

同社の仕事の両立支援策として特筆すべきが、2007年から始まった管理職を含む全社員に対しての「19時前退社の励行」。もともと同社は、長時間労働を前提とする職場環境だった。しかし、結婚・出産というライフイベントを迎えた女性社員が退職するという状況が続き、会社の持続的な成長のためにも意識と行動の変革が欠かせないという視点から働き方改革の施策が始まった。

当時、経営トップはすべての社員が活躍するためのキーワードは「時間」と考え、業務の効率化を伴う適正な労働時間が大事で、そのためのルールとして19時前の退社励行に至った。残業体質が根付いていたものの、トップダウンで業務の無駄を何度も見直すうちに、社員の間でも「時間は自分でコントロールをしながら働くのが当たり前」という意識に変わった。10年以上たった現在は、限られた時間の中で効率的に働くという意識が社員に浸透している。

3年連続で男性育休100%
今後は取得日数の増加を目指す

19時前退社の励行同様に、女性だけでなく男性も変えるという視点から、同社では14年から男性の育休取得率を100%にするという目標を設定した。育児は女性だけのものという意識を変えることが狙いだった。最初の2週間は有給にするなど処遇面を保障するとともに、上司からの働きかけを促進した。子どもが生まれた男性社員とその上司に人事部からメールを送り、同時に上司から育休取得を勧める声かけをする、社内報などで育休を取得した男性社員のインタビューを紹介するなど、制度を使いやすくする工夫を重ねる取り組みを続けた。その結果、2013年度にはわずか1.6%だった男性育休取得率は、2017年度から3年連続で100%を達成している。2020年度からは「原則1週間以上の取得」とし、今後はさらに取得日数増を目指している。

男性の家庭参画と女性活躍支援は両輪という視点に立ち、さまざまな制度を新設している。2020年4月からは「妊婦エスコート休暇」を導入。これは妊婦健診の付き添いや両親学級への出席などの際に取得できる休暇。ワーク・ライフ・バランス委員会での若手男性社員の意見を反映させて新設された。若手からベテランまで、社員の「生産性」「活躍度」「働きがい」の最大化に向けて制度を拡充し、すべての社員がイキイキと働き続けることができる環境を目指す。

人事部や上司からの
育休取得対象者への声かけで
取得しやすい雰囲気に

BEFORE

- 早朝から夜まで
  長時間労働

- 有休取得率が低く、
  育休を取る男性社員も
  少なかった

AFTER

- 19時前退社を実現

- 2013年度に2%弱だった
  男性の育休取得率が、
  2017年度から3年連続で
  100%を達成

何をしたか

企業風土を
改革した

子どもが生まれた男性社員に人事部から
メールを送る、上司から育休取得を勧め
る声かけをする、社内報などで男性育休
の事例を紹介するなど工夫を重ねた。

19時前退社に
全社的に取り組む

経営トップ自らがその必要性と会社の本
気度を訴えた。共働き子育てしやすい風
土の醸成に加え、すべての社員が働き続
ける環境を作り上げる土台に。

有休を取りやすいよう
ネーミングを工夫

繁忙期でも有休を取りやすい環境づくり。
子どもの入学式・卒業式で使える「キッ
ズセレモニー休暇」など対象者にメール
で案内する仕組みを作った。

第3子出生祝い金
制度を新設

3人目出産に際する最大のハードルが金
銭面にある、という子育て世代の悩みに
応え。第3子以降が生まれたら会社が200
万円を支給する制度を新設。

日本生命

女性職員が9割を占める土壌 男性育休取得も当たり前で お互いを認め合う意識を醸成

日本生命は約7万人の職員の約9割を女性が占めている。そのため、仕事と子育ての両立支援策は早い時期から整っていたが、一方で女性の管理職の割合の低さが課題だった。同社では2008年に設置した「輝き推進室」が旗振り役となって、女性職員が仕事と家庭を両立して長く働けるように育児サポートやキャリアプランなどの施策を充実させてきた。

2009年からは、女性の活躍範囲をより拡大し、管理職登用にも乗り出し、男女両方のワークライフバランスの充実を図り研修などにも力を入れる"第2フェーズ"へと移っていった。2012年からは"第3フェーズ"として、女性活躍推進を経営戦略と位置づけて取り組みを加速。「男性職員自らが家庭と仕事を両立する状況を理解することで、女性の働き方への理解が深まり、女性職員に対して効率的な働き方を促せるようになる」という考えのもと、2013年度より男性育休取得を推進している。初年度の2013年度から7年連続で取得率100%を達成し続けている。

男性育休を推進することで 女性の挑戦意識を育てる

取得率100%につながった具体的な取り組みとしては、経営層からのメッセージ発信、社内ホームページでの男性育休取得者の体験談などの紹介、ハンドブック制作などの啓蒙活動が挙げられる。男性育休の取得期間は平均約8日間。

男性育休の取得推進は仕事の効率化や、「お互いを認め合う」風土の醸成などの効果を生み出すと同時に、女性の挑戦意識を育てる点でも寄与した。育休を取得した男性職員は育児中の部下の女性に対してまず理解が深まり、「子育て中だから負荷の高い仕事は無理」といった過剰な配慮をせずに、早い段階からチャンスを与えるなど、適切なジョブアサインが可能となった。

同社では2021年時点で累計で1700人を超える男性が育休を取得した。これは男性職員の約25%に相当する。30代の取得者が多いので、その層が管理職になるころには会社の風土がさらに変わりそうだ。2017年には人材活躍の普遍的な方針として「ダイバーシティ推進方針」を制定。女性や育児だけでなく、介護・病気治療策との両立や、障がいやLGBTへの理解促進など多様な視点・個性を受容し認め合う組織風土づくりを進めている。

トップからのメッセージ発信や「イクメンハンドブック」など全社で施策を進めた

BEFORE

- 全社員の9割が女性だが、女性管理職の割合が低かった

- 育児やキャリアプランをサポートする制度はあったが、男性職員が育休を取得できる風土が醸成されていなかった

AFTER

- 女性管理職比率は右肩上がりに上昇。2020年は21.2%に (※)

- 男性育休100%を7年連続で達成 (※)

↑

※2020年4月1日時点

何をしたか

トップがメッセージを発信

経営トップが男性育休の必要性についてメッセージを発信。期間の長短にかかわらず全員が取得することに主眼を置いた。

育休を取りやすい雰囲気づくり

社内ホームページに育休取得者の体験談と所属長の応援メッセージを紹介し、社内全体での情報共有を進めている。

取得促進に向け人事が積極的にフォロー

男性職員は年度始めに取得計画を所属長経由で人事部門に提出する環境づくりも含めてフォローをする体制に。

「イクメンハンドブック」で情報提供

男性の育児参加を促すことを目的とし、「イクメンハンドブック」を発行して情報を提供した。

パナソニック　コネクティッドソリューションズ社

男性育休の２週間の取り方を６パターン例示して推進　アンコンシャスバイアス研修も

パナソニックの社内カンパニーとして2017年に設立された同社。大企業にありがちな「長時間労働」「上意下達マネジメント」などを変えるべく、「働き方改革」「コンプライアンス」「ダイバーシティ」の3本柱からなる「カルチャー＆マインド改革」を重要な経営戦略と位置付け、推進に取り組んできた。

その一環で2019年、樋口泰行社長がトップダウンで「男性育休100%」を宣言した。「男性育休の取得率を増やすという目標は、効率的な働き方推進や、社員エンゲージメントの向上、ジェンダーギャップの解消など様々な変革と密接に関わっています」(人事センター 労政・安全衛生課／「ダイバーシティ推進室・江口正隆さん)

目標は２週間以上 取り方パターン例示

2017年度における同社の10日以上の男性育休取得率は12.2%。宣言実行のために、まずは樋口社長がメッセージを社内に発信。子どもが1歳になるまでに、育児のために合計2週間以上の休暇(利用する制度の種類は問わない)を取得することをKPIとして設定した。育休を取得したかどうかフォローし、四半期ごとに達成数値を確認している。

上司が部下に育休取得を勧める際に添える「男性のための育休ガイドブック」もあわせて作成した。トップメッセージやKPIといった根拠を明示したうえで、制度を詳しく説明。目標としている2週間の取り方6パターンを、それぞれ収入が何%保障されるかとあわせて例示。「取得にあたって抱えがちな、収入面での疑問や不安を取り除く工夫をしています」(江口さん)

「男性育休座談会」や 社内研修も充実

男性育休取得者を集めて、工夫したことなどを聞く「男性育休座談会」も2019年から年1回のペースで実施し、その結果を社内ポータルで共有。誤った性別役割分業の認識を変えるためのアンコンシャスバイアス研修やeラーニングなどのダイバーシティ＆インクルージョン研修も進めた。その結果、男性育休の10日以上の取得者は2020年度(2020年12月末時点)52.3%、1日以上の取得は87.5%に増加。確実に成果が上がっている。

トップダウンで推進
取得経験者の育休座談会で
生の声を社内に共有

BEFORE

- 属人的な仕事が多く、休みを取りにくい、長時間労働になりがち

- 10日以上の育休を取る男性社員は2017年度12.2%

AFTER

- RPAなどを活用することで効率化。属人的な仕事を減らして働き方改革を実現

- 10日以上の育休を取る男性社員は2020年度※52.3%、1日以上の取得は87.5%に。

(※2020年12月末時点)

何をしたか？

「会社も後押しする」とトップがメッセージ発信

「カルチャー＆マインド改革」を進める樋口泰行社長がトップダウンで宣言し、「会社も後押ししますので、安心して育休を取得してください」とメッセージを発信。

育児のための2週間以上の休暇取得をKPIに設定

四半期ごとに数字をフォローして達成しているかどうかを確認する。

男性向けに特化した育休ガイドブックを作成

KPIとする2週間の取得パターン例、月齢に合わせた取得計画、取得者本人へのお願い、上司へのお願いなどを網羅した「男性のための育休ガイドブック」を作成。

男性育休取得者で座談会「リアルな声」を共有

「役職が上がると取得しにくい」という課題の解決を狙い、マネジメント層の取得者3人、上司1人ら計6人で2020年12月にオンライン座談会を実施。内容を社内で共有。

メルカリ

[「取れない理由」に注目して
男性社員の育休取得を推進
「息を吸うように、誰もが育児を」]

働きやすい環境の充実に向けた人事制度として、2016年に「merci box」を導入したメルカリ。産休・育休などについては、復職時に復職一時金を支給し、女性の場合は産前10週～産前6週の期間も休めるようになっている。男性の育休取得も当たり前になっていて、取得率は8割を超える。役員が育休取得することもあった。そうした施策の背景には、「なぜ男性は育休を取りづらいのか」に注目し、改善を図った経緯がある。

男性育休における
「3つの不安」を解消

男性の育休は、産み育てる女性を男性がサポートする昔ながらの構図を前提として、「取らなければ育児ができない」といった切迫感がないこともある。加えて、男性の育休取得を困難にする「3つの不安」の存在がある。1つは、休みを取ることによって収入が減ること。もう1つは、復職時に浦島太郎のような状況になること。最後の1つは、業務が属人化して休める状態になく、むしろ負担が増大する可能性があることだ。

メルカリでは、この3つの不安の解消に取り組んだ。収入面の不安については、merci boxで「産休・育休」からの復職に対して復職一時金を支給することとした。自治体からの給付金を合わせることで、月々の収入が0円になる時期をカバーすることに。

男性育休の増加が
女性躍進のきっかけにも

業務についていけなくなる不安に対しては、相互の信頼関係を前提としたメルカリのカルチャー "Trust & Openness" に基づき、育休中も社内の情報をすべてオープンに。育休中の社員に、オンオフの選択を任せることとした。家事育児の合間に、Slackの雑談に参加して仲間とコミュニケーションをとったり、社内の話題や業務の状況をチェックしたりすることで、復帰後の「置いていかれた」感覚を軽減させている。業務の属人化の問題についても、コミュニケーションツールをほぼSlackに集約することで解消。ダイレクトメッセージではなくオープンチャンネルでやり取りをすることを推奨し、各人のタスクや業務量、どんな仕事をしてるのか、棚卸しがしやすい環境を実現させた。

男性育休の取得を阻む
「収入」「情報」「属人化」の3大不安に注目
制度とカルチャーで風土を一新

BEFORE

●結婚・出産を迎える社員が
増えたが、それを支える制
度がなかった

AFTER

●育休取得が「当たり前」に

●新たに活躍する人が増加

何をしたか?

人事制度merci boxで
一時金を支給

「merci box」で、産休・育休後の復職一
時金を支給。国の給付金と合わせること
で一時的な収入減の不安を軽減し、長期
の育休も取りやすくした。

育休中も社内の情報を
フルオープン

育休中も社内の情報を基本的に全て開示。
休暇中の従業員が望めば、Slack上で自
由にコミュニケーションできるようにし
た。

業務の見直しを図る
カルチャーを構築

社員の誰かが育休を取ると、それをきっ
かけにチームで業務の見直しを図る習慣
が社内に浸透した。

育休取得者に代わって
新しく業務を担当させる

所属チームの他の社員にその人に代わっ
ての新しい業務をアサイン。時に抜てき
人事も。

リクルートマネジメントソリューションズ

1日単位の「妻出産休暇」で
男性社員の育児促す
男女問わず両立を支援

同社はリクルートのグループ企業で、研修や人事コンサルティングサービス、適性検査「SPI」の開発などを手掛けている。企業内研究所である「組織行動研究所」を通じ、よりよい働き方を研究・提言する「働き方」のプロフェッショナル集団でもある。2013年からテレワークを制度化するなど働き方の柔軟性を高め、男女問わず、子育て中の社員が家庭と仕事を両立させやすい風土づくりを進めている。

2017年には「妻出産休暇」と名付けた独自の休暇制度を導入した。本来の有給休暇とは別に、有給で、男性社員の妻の出産当日、または出産予定日以後、子どもの満1歳の誕生月の末日までであれば「1日単位」で、「最大20日間」、休暇を取得できるというもの。育児・介護休業法に基づく育児休業との併用も可能になっている。

「妻出産休暇」の取得率と
利用者の声

「育休は法的にも整備されていて、本来は男女限らず取得ができるにもかかわらず、社会全体として男性の取得はあまり進んでいません。業務調整の難しさやキャリアへの不安、収入減額の不安などが大きな壁となっているためです。

そこで、当社の制度においては、取得しやすくするため有給とし、『連続取得』を義務付けず、『1日単位』で取得可とすることにしました」（経営企画部人事グループの山科このみさん）。実際に制度を利用した男性社員からは、「1カ月健診や予防接種など、家庭の都合に合わせて単発で休めるため、妻から感謝された」「1日単位で取得できるため、業務の調整がしやすかった」と好評だという。2018年度の「妻出産休暇」の取得率は83%、1人当たりの平均取得日数は10日と広く利用されている。

社外経験を積むことは
業務にプラスになる

同社は、生産性を上げ総労働時間を削減することで、学習のための時間や新たな成長機会の確保へとつなげることを大切としている。「育児や介護などの必要に迫られた特定の社員に限らず、全社員が学びや趣味・特技、地域活動や学校のPTA活動、ボランティアや兼業などの様々な社外経験を積むことは、業務にプラスになると考え、性別や年代を問わず大いに奨励しています」（山科さん）。育休の取得に対しても職場全体で応援・推奨する風土が作られている。

全社に「社会体験の充実」を通じた「新たな価値の創造と提供」の大切さを呼びかけたことで、両立しやすい風土が浸透

BEFORE

- 仕事と子育ての両立が簡単ではなかった
- 子育て中の女性がキャリアを描きにくかった
- 男性が育休を取りにくかった

AFTER

- 働く場所と時間の自由度が高まり、育児中の人も働きやすくなった
- 男性社員も育休を取りやすくなった

何をしたか？

1日単位で取得できる「妻出産休暇」の導入

取得しやすくするため有給にした。1日単位で取得できるため、1カ月健診や予防接種などに合わせて柔軟に使うことができる。最大20日まで利用可能。

育児中社員ならテレワークは利用日数の制限なし

生産性を上げるため、育児中の人は等級や日数の制限なく利用できるようにした。フルフレックス制度とあわせて、働く場所と時間の自由度を高めた。

育休から復職する社員向けに2種類のガイダンスを導入

育休から復職する社員とその上司を対象に「出産前と復職後の24時間の使い方を書き出す」と「15年の中長期でキャリアを描く」ワークの2種でキャリアプランを可視化。

時間の使い方をデザインするワークショップを実施

2017年度に、全社で労働時間を短くして取り組みたいことや大切にしたい社会体験などを自由に記述し、各自で共有する、「花びらモデル」ワークショップを実施した。

第5章

書き込むだけで課題が見えてくる
社内研修や家族会議でも使える

男性育休
実践
ワークシート

チームの男性育休取得率を上げるには、
上司が「イクボス」であることが必至。
部下のライフを把握したり、チームの業務の
分担見直しをしたりすることが不可欠です。
また、育休を取得する本人が、事前に意識と
目的を明確にすることで、職場復帰後の
生産性も向上します。夫婦で家庭内の
役割分担を話し合っておく必要があります。
その際に役立つワークシートは次ページから。
社内研修や家族会議にも活用できます。

男性育休
自社はどうして取得率が上がらない？
原因チェックシート

トップダウンで進んでいる？

経営層が理解しているか。
そして、情報発信を
しているかどうかをチェック！

- [ ] 経営層が男性育休取得の
      必要性について理解している

- [ ] 経営層が社員に向けて、
      男性育休取得推進に関する
      決意表明をしている

- [ ] 経営層が育休だけでなく
      有休取得や残業削減など
      社員の働き方改革全般について
      旗振り役となっている

- [ ] 経営層が
      「部下に育休を取得させる」
      イクボスを評価している

- [ ] 経営層自らが育児や介護のための
      時短や休業制度を活用している

チェックが1個以下なら…

経営層が男性育休についての理解を深め、旗振り役を担うことで一気に浸透したケースは多いです。「第4章」の、積水ハウスや大和証券グループをはじめトップダウンで進めている会社の事例を参考にしてみてください。

イクボスは育っている？

管理職が理解しているか。
そして、取りやすい職場の雰囲気を
作っているかどうかをチェック！

- [ ] 管理職が男性育休の
      必要性について理解している

- [ ] 管理職が部下に向けて、
      男性育休を取得するよう勧めている

- [ ] 管理職自らが育児や介護のための
      時短や休業制度を活用している

- [ ] チーム内で日ごろからプライベートに
      関する話や相談ができる
      雰囲気になっている

- [ ] チーム全員が誰がどんな仕事を
      しているかを把握し、
      欠員が出たときには
      補充がなくても業務を進めることが
      できる体制になっている

チェックが1個以下なら…

管理職の理解と、プライベートを職場で話題にする雰囲気作りは育休取得率アップに必須です。「第2章」でイクボスのコツを学びましょう。欠員が出た時にどうするか、手を動かしてシミュレーションしておくことも大事です（実践ワーク2）。

ここを点検

● 企業のトップが男性育休に積極的な姿勢を従業員に
見せているかどうか
● 管理職やマネジャーが「イクボス」であるか
● 取得者自身が「育休中の家庭内の目標」を立てているか
育休に入る前に仕事の引き継ぎをスムーズにできるかどうか

会社の仕組みは整備されている？

人事部や総務の仕組みは整備されている？
社員が男性育休を取りたいと思ったときに、
スムーズにできるようになっているかどうか

- [ ] 育休取得申請の手続きが
明確で分かりやすい

- [ ] 男性育休制度について
担当部署が把握し、
推進している

- [ ] 誰の家で子どもが生まれる予定なのか、
会社が対象者を把握している

- [ ] 育休前に、
担当部署と対象者と上司が
面談をしたり、計画などの
擦り合わせをしたりする仕組みがある

- [ ] 育休を取得した男性社員の
感想や体験記などを、
社内報などで共有している

チェックが1個以下なら…

取得対象者本人が育休を取りたいと思ったと
きに、社内でどう手続きを進めればいいのか、
手順の説明は十分になされているでしょうか
「第2章」で紹介している企業内両親学級など、
対象者を把握するための工夫も取り入れてみ
ましょう。

本人は主体的？

男性育休を取得予定の本人が、
その目的や意義について
理解しているか

- [ ] 育休の仕組みやルールについて
把握している

- [ ] 何のために育休を取得するのか、
その目的が明確になっている

- [ ] 育休期間に
何をするかをパートナーと
話している

- [ ] 自分の業務の
引き継ぎを、チームメンバーと
スムーズに進めることができる

- [ ] 育休取得の報告を
社内外のどのレベルまで
伝えるべきか
把握している

チェックが1個以下なら…

育休を単なる連休と思っていては、実のある
育休にはなりません。育休期間の自分の目的、
役割などについて家族と話し合いましょう。
実践ワーク3〜6を使って、業務を棚卸しし、
育休中・復帰後の家庭内役割分担を夫婦で話
しましょう。

欠員シミュレーションで万が一に備える

❶ 育休に入る可能性のあるメンバーを洗い出してみる
❷ その人の仕事をほかのメンバーにどう振り分けるか、それ以外の代替案があるかを考える

＜記入例＞

［育休に入る可能性のあるメンバー］

名前　　山田さん　　　　欠員期間　　　半年？

担当プロジェクト	誰に振り分ける？	具体策
A社プロジェクト	鈴木さん・アシスタント	鈴木さんに片寄らないよう進捗とフォローは中井さん
B社プロジェクト	自分	付き合いが長いので引き取り
新規顧客営業	若林さん・全員でフォロー	メインは若林さんとして全員に担当してもらう
新規Fプロジェクト	なし	結果が出ておらず、見込みも薄いためいったん中断
営業資料制作	アウトソース	○○社に発注。コストは10万円までに抑える

記入のポイント
● 仕事そのものを見直し、アウトソースなどの選択肢を考える
● 1人だけに振り分けるのではなく、チームで分担できるような仕組みを作る
● 今後、鍛えたいと考えているメンバーに多少の負荷をかける

ここを 点検	● 育休で欠員する期間を具体的に理解しているか ● 「この分野は○○さんにしか任せられない」という思い込みはないか ● 振り分けたメンバーに偏りはないか ● 若手や育児や介護などで制約があるメンバーにも、新しい仕事に 　挑戦する機会を作れているか

[育休に入る可能性のあるメンバー]

名前 ☐　　　　　　欠員期間 ☐

担当プロジェクト	誰に振り分ける？	具体策

実践ワーク 3 / *for* 本人

自分の業務を可視化し
誰に引き継ぐかをまとめる

1 自分の仕事を把握する

＜記入例＞

担当業務	内容
A 社プロジェクト	新規案件。プロジェクトチームが立ち上がり、市場調査をしつつ、仕込みの段階
B 社プロジェクト	納期は 3 ヵ月後。企画提案に対する先方からの修正戻しが来たのでそれを反映して再提出済み。待っている状態
C 社プロジェクト	5 ヵ月後の全社会議でプレゼンをするためにデータをまとめている

2 不在期間にフォローしてくれる人に、進捗をまとめて引き継ぎをする

＜記入例＞

担当業務	引き継ぎ先	具体策
A 社プロジェクト	鈴木さん・アシスタント	不在の 1 ヵ月期間、鈴木さんを中心に引き続き市場調査をしてもらう
B 社プロジェクト	若林さん・全員でフォロー	不在期間に戻しが来たら、若林さんにチェックして進めてもらう
C 社プロジェクト	なし	復帰後に着手するため引き継がない

<table>
<tr><td>ここを
点検</td><td>● 担当業務がどこまで進み、どこから引き継ぐのかを明確にする
● 社内だけでなく、社外の人にも引き継ぎの内容を伝えておく</td></tr>
</table>

1 自分の業務を書き出そう

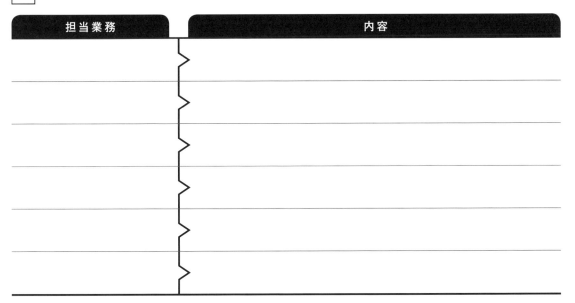

担当業務	内容

2 引き継ぎ先に進捗や内容を報告

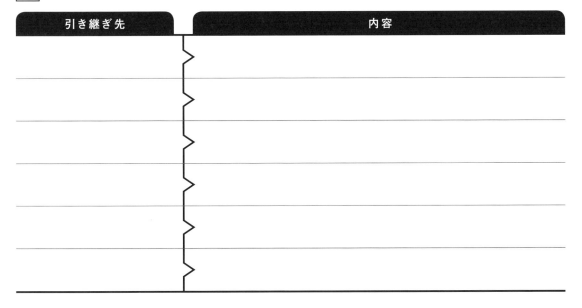

引き継ぎ先	内容

育休前に夫婦で確認！「目的と時期」記入シート

[なぜ育休を取得するのか？ いつ取得するのか？]

目的は？

- 出産直後のママをサポートするため？
- 出産に合わせて上の子の育児を担当するため？
- ママの職場復帰の準備をサポートするため？
- ママの職場復帰と入れ替わりで家事育児を担当するため？
- 子どもが生まれるタイミングで夫婦で育児スキルに格差が生じないように足並みを揃えるため？

いつ取得する？

- 仕事が、比較的落ち着いている時期にする？
- 保育園の慣らし保育の期間にする？
- 上の子が小1になる所定のタイミングに合わせる？

自分が育休を取る目的を書き出してみよう

ここを点検

● 「育休を取る意義」を認識しているか
● 「育休中の目標」や
　具体的なミッションを把握しているか

<記入例>

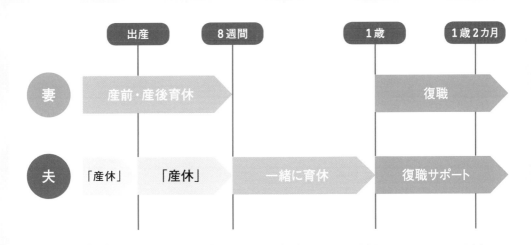

夫婦の取得期間を書き込んでみよう

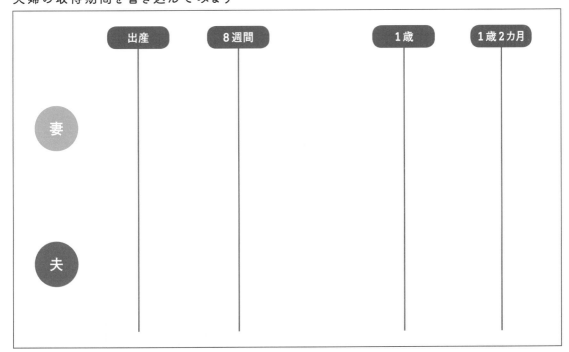

育休を取って何をする？ 家事・育児の計画を立てる

主に担当するほうに○をつけたり、
配分比率を書き出そう

		現状		これから	
		夫	妻	夫	妻
食事関連	朝食の支度				
	子どもの朝食の補助				
	朝食の後片付け				
	昼食（お弁当）の支度				
	子どもの昼食の補助				
	昼食の後片付け				
	夕食の支度				
	子どもの夕食の補助				
	夕食の後片付け				
	離乳食の支度				
	ミルクを飲ませる				
	離乳食・ミルクの後片付け				
	食料品の買い物				
その他の家事	掃除（リビング、玄関、お風呂、洗面所、トイレ、キッチン）				
	ゴミ出し（回収、分別、出す）				
	洗濯（洗う、干す、たたむ、しまう、アイロンをかける、クリーニングに出す）				
	食料品以外の生活品の買い物				
子どもの世話	子どもの沐浴・入浴				
	子どもの歯磨きの補助				
	子どもの寝かしつけ				
	子どものオムツ交換				
	子どもの外遊び				
	子どもが病気のときの看病				
	子どもの通院				
	病児保育の手配				

ここを点検	● 家事・育児を夫婦で どのように分担するかチェック ● "名もなき"家事・育児を「見える化」ようにする

		現状		これから	
		夫	妻	夫	妻
保育園・学校関連	子どもの着替え・身支度				
	保育園などの持ち物準備				
	連絡帳への記入				
	保育園などへの送り				
	保育園などへの迎え				
	保育園などで必要なものの購入				
	保護者会やPTAへの出席				
	保育園などからの連絡対応				
	上の子の勉強サポート				
	上の子の習い事の送迎				
手続き関連	出生届など自治体への各種届け				
	保活				
	復帰に向けた子育て支援サービスの下調べ、事前登録など				
	家事代行サービスなどの登録				
その他	地域のネットワークづくり				
	予防接種のスケジュール管理と実施				
追加項目					

育休明けたら業務効率化「18時お迎えのために」

<記入例>

[**育休前の働き方の課題**]　[復帰後はこう変える]

| 資料づくりに、時間がかかっていた | 資料は、1から作らない。フォーマットを用意して短時間で作成する |

書き出してみよう

課 題

工 夫

課 題

工 夫

課 題

工 夫

ここを 点検	● 60ページ「お迎えDAYS」の各パパのスケジュールを参考に 　予定を組んでみる ● 「MY働き方改革」のための課題を見つける ● 一日のスケジュールを立てて、導線を確認する

一日のスケジュールを立ててみよう

🕐 4	
5	
6	
7	
8	
9	
10	
11	
12	
13	
14	
15	
16	
17	
18	
19	
20	
21	
22	
23	
24	
25	
26	

第5章

実践ワークシート

監修・協力

塚越 学

東レ経営研究所ダイバーシティ＆ワークライフバランス推進部チーフコンサルタント。NPO法人ファザーリング・ジャパン男性育休推進担当理事。イクボスプロジェクト・コアメンバー。男女共同参画・働き方改革・管理職改革に関する講演・ワークショップ・コンサルティングで数多くの実績がある。『育児＆介護を乗り切るダイバーシティ・マネジメント イクボスの教科書』（日経BP）監修のほかメディア掲載・出演多数。

本著は書き下ろしに加え、下記記事を改訂、加筆して再構成しました。
「男性の育休に追い風 『産休』制度も新設へ大きく動く」（2020.10.05）
「男性育休義務化、中小7割反対の背景と進めるべき理由」（2020.12.01）
「ジェンダーギャップ埋めるカギ『男性育休100%』」（2019.12.25）
「育休取得はパパが持つ権利 まずは制度を知ろう」（2019.06.04）
「『男性育休』推進のために企業ができる3ステップ」（2019.06.10）
「パパ育休はどう切り出す？ 過ごし方から復職まで」（2017.09.22）
「『パパ育休』取得 夫婦で頼り頼られの関係構築」（2020.08.28）
「献立くじ、行動ログ記録…育休を楽しみつつ効率化」（2020.01.30）
「パパは自治会長、子どもが育つ地域を盛り上げる」（2020.04.24）
「経営企画パパ 短時間で成果出す難しさを実感中」（2020.02.14）
「長時間職場パパ 会議・資料・メール短縮で定時退社」（2020.02.17）
「管理職パパ 部下の状況も家庭もエクセルで見える化」（2020.02.21）

日経クロスウーマン 検索
https://woman.nikkei.com/

男性育休義務化の基礎知識

男性育休の教科書

2021年4月26日　初版第1刷発行

発　行　者　　南浦淳之
編　　　集　　片野 温（日経xwoman編集長）
　　　　　　　羽田 光（日経xwoman編集部）

発　　　行　　日経BP
発　　　売　　日経BPマーケティング
　　　　　　　〒105-8308　東京都港区虎ノ門4－3－12

編 集 協 力　　安永美穂、藤巻 史、小林浩子、福本千秋
　　　　　　　磯部麻衣、須賀華子、都田ミツ子、
　　　　　　　三浦香代子、杉山錠士

写　　　真　　小野さやか、鈴木愛子
装丁・デザイン　平田 毅
イ ラ ス ト　　安ヶ原正哉
制　　　作　　エストール
印刷・製本　　大日本印刷